數位監控

我們如何拿回均衡的科技生活

SLOW COMPUTING

Why We Need Balanced Digital Lives

羅布・基欽、阿里斯泰爾・弗瑞瑟——著
Rob Kitchin　Alistair Fraser

黃開——譯

緬懷

摩明・弗蘭克・基欽（Mervyn Frank Kitchin, 1944~2017）

與

艾格尼絲・麥克雷迪・斯圖爾特（Agnes McCready Stewart, 1941~2019）

導讀

如何在運算時代找回我們的生活？

曹家榮　世新大學社會心理學系助理教授

如果以卡爾・奧諾雷（Carl Honoré）的《緩慢頌》（*In Praise of Slowness*）出版時間做為起點，「慢活」運動至今已經將近二十年。為何現在又有這麼一本書，再次強調「慢活」的重要性？很簡單的原因是，「慢活」運動在這二十年來如果不算失敗，恐怕也難說有多顯著成就，這點從書店書架上仍經常可見批判「加速」現象的書籍即可為證。例如，科技社會學家茱蒂・沃克曼（Judy Wajcman）的《縮時社會》（*Pressed for Time*）、當代重要的批判理論學者哈特慕特・羅薩（Hartmut Rosa）的《新異化的誕生：社會加速批判理論大綱》（*Beschleunigung und Entfremdung*）。我很喜歡哲學家韓炳哲的《倦怠社會》，這本書名沒有提及加速、速度等字眼的書中，韓炳哲用「功績主體」這個概念警示我們如今是如何瘋狂地渴望加速累積自身生活的功績。換言之，「慢活」如今仍是「革命尚未成功」的事業，不僅如此，《數位監控：我們如何拿回均衡的科技生活》出版的第二個意義，更在提醒與警示：「同志仍需努力」之外，眼前的敵人恐怕已巨大地超乎想像。

今天面對的不僅是「加速」帶來的種種問題，不僅是因為各類運輸、傳輸或數位科技的普及，導致生活步調失序、混亂、疏離與不平等。如同兩位作者在本書主張的，我們的數位生活實際上面對的是「加速」與「監控」交織而成的困境。或者用我的說法是，這是一個隨著數位科技的終極加速後逐漸形成的演算法政體，而其運作必然依賴著無所不在且無所不包的生活監控。本書前三章呼應時下許多關懷類似議題的書籍，從「加速」與「監控」這兩大問題著手，說明當代數位生活所面對的難題。例如「加速生活」中，最關鍵的問題仍在數位科技普及後形塑這個不斷向我們索求連結（也因此，我們不斷反過來渴望連結）的環境。在「監控」議題上，則是關於隱私侵犯與個人資料「掠奪」的問題。是的，雖然兩位作者用了相對中性的「提取」一詞，但實際上今天 Facebook、Google、Amazon、Microsoft、Apple 等「龐然巨獸」的所作所為，根本與掠奪無異。

後三章便是兩位作者在「慢運算」這個概念基礎上，嘗試在個人層次、集體層次與倫理面向倡議可能的應對方式。不過三個層次圍繞著相同的兩個核心議題，就是與作者所謂「時間主權」及「數據主權」有關。簡單來說，不管在哪個層次，作者主張關鍵都在於人們該如何盡可能地奪回「時間」與「數據」的控制。至於該怎麼做？這部分留給讀者「慢慢地」探索——是的，我希望這篇導讀存在的目的不是加速你／妳的閱讀。

接下來想要在這篇導讀談的是，兩位作者在書中提到「慢運算」的難題在哪裡？首先，如果「慢運算」嘗試要人們奪回對於「時間」的控制，針對第一個困難舉例：有多少人願意或敢於從永無止境且關乎生存的賽跑中率先離場？當代的「加速」困境在於，類似社會學家齊格蒙．鮑曼（Zygmunt Bauman）所說的，停滯等同於死亡。沃克曼在《縮時社會》更現實地指出，能夠有空閒放慢腳步、能夠有選擇「不連結」之自由的，往往都在是階級處境上較為優勢的那群人。第二個困難則在於，在加速社會生活如此長一段時間後，我們恐怕早已成癮。而且，今天各類數位科技與平臺的設計更讓我們難以自拔——想想社群媒體是如何誘惑你／妳的。基於這兩個困難，作者知道我們不可能單單訴諸個人層次的解方，而是需要從集體層次，甚至倫理層次的倡議共同推動。

至於在奪回「數據主權」的難題上，集體層次是較為人所知的，也是如今已成為全球性關鍵議題的，在產業、國家等層次上，如何更有效地防止監控資本主義巨獸繼續掠奪個人資料。相對的，我覺得作者在個人層次上點出的難題則更別有洞見。他們把這個難題稱為「數據正統」（data doxa），就是一種將資料導向的社會與經濟運作模式視為理所當然、必要且合法的狀態。換言之，如同法國社會學家皮耶・布迪厄（Pierre Bourdieu）將doxa解釋為「常民日用而不自知的知識」，「數據正統」的困境意味著，今天一般人甚至根本不會意識到「數據掠奪」是有問題的。個人資料被認為是可交換的、應交換的東西，甚至我們還深深喜愛這種「交換」帶來的便利或利益。

我想，這些如此難解的問題應該有引發各位的好奇吧？我們該怎麼辦？本書最後一章確實整理在個人、集體與倫理層次上各種戰術建議。但如同我剛剛說的，這篇導讀的目的不在於加速你／妳的閱讀，因此強烈建議各位不要直接跳到結論，讓我們試著從緩慢閱讀此書開始「慢運算」的生活。

試著奪回我們的數位主權

管中祥　國立中正大學傳播系教授

剛出來教書時，曾出過一份實驗型的作業「無媒體大自由」，參加的同學在一週內完全不看電視、不聽廣播、不看報章、不上網。目的希望大家體驗沒有媒體的日子會失去或獲得什麼？想想如何做好時間安排。

大部分的人不到一天就破功，撐過去的，對生活有更多體驗，有人關掉電視和媽媽一起去買菜，有人拿起筆寫信給遠方的朋友，也有人把省下的時間用來整理髒亂已久的房間。

這是近二十年前的活動，現在來玩應該更加困難。那時沒有智慧型手機、沒有社群媒體，還在撥接上網的ＢＢＳ年代。生活雖然沒有現在便利，但還不至於被數位科技綁架，不會上下班時間不分、個人隱私莫名遭到竊取與販售、國家及財團不易控制你的足跡，也不用時時在意到底有沒有人幫我按讚，更不必擔心訊息「已讀忘回」而遭人白眼。

即使在媒體網絡還沒鋪天蓋地的年代，想當個無媒體的自由人都那麼困難，日常難以脫離數位科技的今日，自由真有可能？

現實上當然不容易，但至少我們得意識到「數據主權」、「時間主權」的重要性，千萬不能因為貪圖數位科技的「方便」、「快感」、「進步」而失去各樣的自我。不過，不是靠個人單打獨鬥就能奪回數位主權，重獲自由，如同《數位監控：我們如何拿回均衡的科技生活》所提醒，除了放慢自身腳步，重整數位生活，也得透過勞工的集體力量爭取「集體離線權」，掙脫 Line 的鎖鏈，並且政府要制定政策保障人民的隱私、要求財團節制，創造一個安全自在的數位環境。

目次 *Contents*

導讀　如何在運算時代找回我們的生活？／曹家榮　004
推薦序　試著奪回我們的數位主權／管中祥　008
CHAPTER 1　數位生活　011
CHAPTER 2　生活加速中　039
CHAPTER 3　監控生活　081
CHAPTER 4　個人的慢運算策略　119
CHAPTER 5　集體慢運算　165
CHAPTER 6　數位照護的道德　199
CHAPTER 7　邁向更均衡的數位社會　229
尾聲　疫情下的慢運算　248
誌謝　257
索引（由二八七頁往回翻閱）　287

CHAPTER 1

數位生活

星期一，一週的開始。早晨六點三十分，你已被手機設定的鬧鈴喚醒。你即刻伸手拿起手機，注意到 WhatsApp 或 Line 有數則未讀訊息，Twitter 或 Facebook 也有個提醒圖示，或許是有一名新粉絲加入。你的另一半已經起床片刻，客廳裡亞馬遜的 Alexa 開始播放 Spotify 的曲目。你必須檢查電子郵件，然後查閱行事曆，看看今天下午安排哪些會議。「床邊」的平板電腦映入眼簾，那是你用來觀看 Netflix 影片的工具，此刻正閃爍著等待充電的燈號。「冰箱的螢幕有點毛病。」你的另一半說道。該起床了。

如此揭開一天序幕的方式與你不盡相同，你會有一套屬於自己的裝置。或許你不會用到 Twitter，你有自己的社群工具，府上的冰箱上可能（還）沒有附設螢幕。然而，對現今的大多數人來說，不論起床之際有什麼活動，我們都會在很短的時間內接觸數位裝置和服務，展開種種互動。事實上，根據 Deloitte 網站在二〇一七年的一份報告指出，十六%的美國人一睡醒就會立刻伸手拿智慧型手機，四二%是在五分鐘內，六二%則會在十五分鐘內檢查各種訊息、電子郵件、社群媒體和新聞。[1]

我們都過著數位生活，二六%的美國人說，他們「幾乎一直」都在線上。[2]擁有智慧型手機的美國人超過八〇%，每人平均每天約查看手機五十次。[3]其中有極大比例的人隨時隨地手機不離身，即使睡覺都不放過。[4]我們往往是在夜間查看手機：二〇一七年，英國的一次調查發現，六六%的青少年會在凌晨醒來查看手機，三五%的父母會做相同的事。[5]即使我們沒有智慧型手機，或者不會頻繁上網，照樣無時無刻都與數位化服務密不可分——從工作到利用運輸系統移動、操作各種設施，再到透過監視攝影機鏡頭，族繁不及備載。

這就是現今的生活方式嗎？生活是否應該如此？這樣過日子有什麼關係？

本書中，我們提出兩個相互關聯的論點。首先：我們與數位裝置互動的方式，確實非常重要。數位科技正在加速我們的日常生活，同時使之日益支離破碎。這些裝置所採集的數據，則被用來分析及鎖定自己。其次：我們應該往後退一步，哪怕只是退後一點也好，然後設法取得部分自我控制。我們並非呼籲大家反對新科技，也不是要和電腦運算及數位時代為敵。我們的發聲是為了追求平衡：固然要利用當前的電腦運算能力，卻必須是以能夠管控、審慎周延且對我們有益的方式去做。「慢運算」（slow computing）或許是個可行的做法，能讓你的數位生活過得更加小心謹慎。然而，它的用途不僅如此，慢運算的目標也是為了改變數位化社會與經濟的運作和組織方式。

話說回來，慢運算不是容易做到的策略。需要下功夫才行，雖然面對的壓力真不少。許多數位科技都設計得充滿吸引力，讓人欲罷不能。[6]我們被召喚去查看手機的通知訊息、回覆電子郵件和已讀訊息，還有看看社群媒體有哪些新鮮事，有時這些真教人難以抗拒。或者，數位科技會鼓勵我們在各個 App（應用程式）之間悠哉地切來換去。可能是一路從 Netflix 逛到 YouTube，再到 Facebook，偶爾點幾下螢幕。筆電、桌機、平板、手機、電視……沒錯，甚至還有冰箱，數位裝置無不要求我們關注，把我們強行拉進它們的世界。它們施展魅力，讓我們心甘情願順服且渴望其運作邏輯，對任何可能的負面影響都在所不惜，例如失去隱私、時間被支解或承受各種壓力，只為了樂趣、便利和成本這類感受得到的好處。我們會被迫使用數位裝置完成普通的工作，像是與政府部門往來、報稅、申請許可或福利、填寫表格以更新保險方案、購買商品或服務，或者查詢資訊，例如圖書館的開館時間。

生活裡的柴米油鹽就這樣帶著我們接觸到數位世界，與數位媒體互動及應用的經驗，更是經常讓我們想要多多益善，就算違背本身的利益也無所謂。而且，國家和企業通常具有強大的力量，能夠設定及推動各種數位化議程。也就是說，想到抗拒和反擊往往令人望而卻步，這麼做所需要的精力不是人人都負擔得起。在這些壓力之下，慢運算致力於重新引導注意力、取回時間去追求其他目標，且保護實踐慢運算的人免於數位生活的有害影響。我們的做法可以分為個人和集體，個人方面，我們獻上應對之策，教你如何管理自己參與數位化世界的方式；集體方面，我們匯集知識、合力採取行動，加上動員政治力量扭轉社會大眾討論的風向，影響政府和企業對可疑行為的監管。

我們會在本書揭示為何必須平衡數位生活，且闡釋慢運算為什麼值得你我重視。我們會詳述行動細節，在個人與集體兩方面都能使它成為可以實現的目標。我們會釐清各個利害攸關的議題、陳述慢運算思考與實踐的內涵、羅列可供採行的實踐及干預措施，藉由這些措施對自己的數位生活重新宣示主權。希望本書所演繹的主題和概述的策略能說服你加入我們，目前我們已經有無數志同道合的人正在實行慢運算，用慢運算做為替代途徑來體驗運算的樂趣。

運算的喜悅

現今數位裝置與服務的品質及能力不容低估，許多人手握功能非比尋常的設備。一支智慧型手機在手，能透過衛星通訊辨識自己的位置、出門在外時能下載電影觀賞、傳送照片給遠在天邊的親友、撥打視訊電話、玩遊戲、附加其他裝置量體重和測體溫或刷信用卡、使用計算機、日曆、筆記或互動地圖等預載程式、下載千百種應用程式來做運動、學烹飪、閱讀、天氣預報、休閒旅遊、收聽廣播和 Podcast、獲得養生建議，還有其他功能，只要你想得到的應有盡有。電腦是性能極為優異的生產型科技——能靠它創造各式各樣的設計、故事和產品，既富有創意又能兼具彈性，令以往的任何工具都相形見絀。只需透過單一裝置，電腦即可提供形形色色的娛樂，還能實現多重形式的通訊、連網與消費。它是了不起的裝置，這點無庸置疑。

假設有某個裝置停擺，很多人會因此感到震驚（和痛苦）。數位裝置若不是摔到地上，螢幕很少會壞掉。最近的軟體確實有時會當機，然而有相當多軟體運作起來就像鐘錶一樣精準。數位裝置的電池不盡然都可以替換，不過大多能維持長久的壽命，即使需要每天充電。隨著數位裝置愈來愈堅固耐用、有更強大的處理器、更多記憶體空間和高解析度螢幕，我們每天用來調理及增強生活事務，例如製造、消費、互動、通訊、治理、監控、旅遊和遊戲。而且，我們是在移動之際同時做這些事——像是登入銀行帳戶、寄發電子郵件、觀賞實況賽事轉播，或是照著食譜如法炮製，再再都變得更加容易且迅速。

簡單說，我們正處在一個運算能力空前強大的時代，即使是住在窮鄉僻壤的人，不需要多久時間就能擁有穩定、快速且負擔得起的網際網路連線裝置，由此可見一斑。就這個意義而言，我們眼前所見是一個新時代的開端，有人稱之為「遍存」（ubiquitous，透過能連網的裝置，運算活動可在任何地方進行）和「普及」（pervasive，凡是能連網的物件即可嵌入運算活動）運算時代。[7]這就是數位科技的能耐與效用，已然成為現今資訊社會和經濟的命脈，地位如同蒸氣機開啟工業化時代。[8]數位運算就像當年的蒸氣機，正在重塑世界——從自動化製造和服務工作到無現金支付、優化輸出效用、打造自動駕駛汽車和無人機、監控個人健康狀況、共享資訊和觀點與遙控家電，無所不包。

目前許多裝置與服務的速度、能力和穩定性都值得稱讚，當然我們不會想要返回類比運算的世界，相信你也有同感。對於現代人在生活中使用數位裝置和服務的方式，我們固然有不以為然或憂心之處，但很少人願意回到數位化之前的年代。我們享用這些裝置——甚至在其中找到樂趣（更不用提還找得到愛情、美好時光、友誼、工作及重要資訊）。關於這點，讓我們再稍微深入探討：不妨思考一下當代科技還能帶給我們哪些顯而易見的便利或體貼細心的協助：

- 你今天上午搭乘的火車提供免費 Wi-Fi，雖然速度差強人意，至少夠你更新時事 App 及打發時間。
- 上班時，老闆用電子郵件傳來一則訊息，告訴你本月的薪資單下來了，請你確認。看到上個月到國外出差的差旅費已經入帳，你花了四十五秒完成這個動作。
- 你在當地的超市購物，只需挑選商品、掃描、放入提袋、付款，然後離開。不必排隊等候，也不必倒貨、裝袋，從進去到出來需時不到五分鐘。
- 孩子的學校從 Facebook 傳來一則便捷的訊息，提醒你下週五的戲劇表演準備工作。
- 你的車用GPS今天無線更新，在你前往朋友家的路上，幫你重新導航，避開教堂附近的嚴重車禍現場。
- 在公司或在家，你都能和其他辦公室的合作夥伴同步編寫一份報告。
- 你昨天網購的新辦公椅送到了，同時抵達的還有數位相機的 256GB 微型記憶卡，夠你拍攝及儲存好幾千張照片。
- 一支行動電話在手，就能追蹤朋友的行動、想法和冒險，還能不錯過社群媒體上的發燒話題。
- 你比較過幾十間旅館報價，訂了一間房。然後，坐在舒適的座椅上瞬間付款。

・利用可連網的遊戲機，能和分散在不同國家的朋友們一起玩多人即時遊戲。

以上這些日常生活的種種特色都很習以為常，雖然背景和細節有所不同。那麼，你或許和我們一樣，必須承認利用網路化運算得到的快樂。數位科技確實在許多方面簡化了事物，某些日常問題的負擔因此減輕，於是讓人產生便利感。儼然為我們節省了時間和精力，要明確地說：現今科技世界的狀態，的確有許多可圈可點之處。

問題浮現

話雖如此，儘管電腦運算帶來這一切的喜悅，現今數位科技的配置、推行與應用方式，已經讓社會大眾集體覺察到其中存在嚴重問題，這點同樣不假。這些問題有些是個人層面，有些則屬於體制性與結構性問題。

許多人覺得被各種數位裝置綁手綁腳而無法脫身。訊息一再傳來，需要回覆，讓人感到煩躁、急促、像不間斷的騷擾。我們覺得有義務一再更新、與人互動或持續玩遊戲。沒錯，有時似乎對數位生活上了癮，而事實上是真的上癮了。在觸手可及的範圍內要是沒有至少一種數位裝置，我們往往會像失去行為能力，而數位裝置給人的感覺，是只要迅速點擊一下就能獲得某種形式的救贖。三一％的美國人確實會在與手機分開時感到焦慮，六〇％則是手機關機或不在身邊時會感到偶發性壓力。[9]才不過幾年光景，我們彷彿都變得非常依賴數位裝置和系統，再也離不開它們了。

社會期待使這種束縛更加嚴重，那是來自家人、朋友、雇主、客戶、服務供應商、行銷人員和其他各路人馬，他們總是預期我們隨時都會讓人找得到、能立即回應，而且我們每天的生活無處不是透過運算和連線居間安排。我們的家居愈來愈「智慧」：從電視、洗衣機、冰箱、咖啡機、暖氣系統到其他不勝枚舉的裝置，如今統統都連上網際網路，都能主動學習且配合使用者的喜好，回應每一個要求。工作上需要用到一般電腦，再搭配專用裝置、量身訂做程式，以及經由網際網路的互動和交易。想和公家機關往來，必須先在線上填寫表格、上傳資訊。以航空業來說，購買機票、報到、安檢與出入境管制、托運行李，乃至於拜數百萬行程式編碼之賜才能讓飛機一飛沖天，我們在每個步驟都得和數位運算打交道。[10]諸如此類活動當然全是遍存與普及運算的領域，時至今日，我們簡直不可能脫離它的手掌心。芸芸眾生皆不得不化身為數位公民，我們喜歡也好，不喜歡也罷，遑論是否每個人都具備足夠的數位素養與技能。

此處首先要強調的重點是：這些數位生態系統重疊交錯，每一個環節都有數據被產生、提取且轉換為價值。網站與App會監看我們點擊哪些連結、使用方式及地點有關的大量數據會經由App被提取，我們的臉部、車牌和每個裝置獨一無二的記號（例如MAC〔media access control，媒體存取控制〕位址，用以辨識每支手機）則是在公共場所被掃描、追蹤。這些數據流構成人們所稱的「大數據」，亦即不斷產生的即時數據，它們充塞整個系統（這是系統中與每個人、物件及交易有關的數據[11]），足以達到精準辨認每一個人的地步。[12]與此同時，還有一套科技是專門用來對照和處理這些數據，推論且預測我們是哪一類型的人，然後利用這些洞察結果，做出關於我們、也是為我們代勞的所有決定。舉例來說，有些零售業者會調整價格，依據他們對我們的判斷，以及運算法認為我們付得起什麼價位而給出的建議，試圖勸誘我們買下一開始沒打算要買的商品。有些平臺會對我們發動廣告攻擊，有時令人厭煩，但有時正中下懷。有些廣告甚至是由政治「機器人程式」產生的，目的是想要帶風向，而它們的手段往往不負責任。數據仲介利用這些特徵分析協助企業，進行改變你我人生的重大決定：我們是不是合適的員工或房客、風險有沒有低到可以放心貸款，乃至誰是速配的約會對象。數據提取出來後，會被用以建立個人特徵分析，接下來是憑藉特徵分析將人們區分為琳瑯滿目的社會類別，繼而分別以不同的方式對待。[13]我們的數據被轉化為金錢，有人從中獲利，而且政府治理社會的方式因此改變。如今我們的人生機遇受到各種運算法治理、仲介、干預，在某些情況下能夠決定我們的生死。這樣的決定有時是依據不夠精確的數據而自動自發完成，例如診斷型醫療保健科技或殺人無人機。[14]

因此，我們認識和體驗隱私的方式正在改變。隱私是許多人珍視的條件，在多數司法管轄權中被視為基本人權，以多種方式載入國家與超國家層面的法律之中。數位時代以前，西方民主國家的公民期望擁有高度隱私——在公認的限制條件下（例如國家有權知曉特定資訊），能選擇性將自己公諸於世。然而，由於數據提取行為具有廣泛、侵入與無孔不入的本質，而且數據的用途已超出產生該數據的原始目的，大數據的生產挑戰隱私權。[15]大數據和相關的數據分析學、機器學習使不能容忍的行為與隱私傷害的範圍（例如審訊、識別、二次使用、排除、違反保密性、披露、曝光、勒索、挪用、扭曲、侵入、決策干預）大幅擴張，[16]同時還有經由推理而製造新形式的預測性隱私危害。[17]換句話說，網路化數位裝置擴散的現象已徹底改變隱私權的樣貌，以及一般公民在自我披露方面可期望多大的選擇性。目前有新的法規試圖更有效重申隱私權，例如歐盟通過《一般資料保護規範》（General Data Protection Regulations，GDPR），至於他們的努力成效如何，仍有待全面評估。

從大數據提取價值的數據代理公司是市場規模數十億美元的全球性產業，雖然大部分隱而不顯，現今已是日常生活的一部分，如同遊戲產業、共享經濟、數位化零售業、程式開發、App與作業系統、網頁設計、硬體製造、連網與電子通訊等行業。我們身處的世界，一開始有些人稱之為「資訊經濟」時代，[18]最近則改稱「監控資本主義」（surveillance capitalism）[19]或「平臺資本主義」（platform capitalism）時代。[20]網路化運算正支撐且推動著經濟發展、全球經濟的組織和運作方式，以及價值如何被生產、提取和再投資（即使歷史悠久的傳統產業如製造業、倉儲物流、農業、媒體與旅遊業也不例外）。我們使用許多數位商品和服務，其中最大的生產公司正藉此不斷累積龐大利潤，且在極短時間內創造巨額市值。Google、Facebook、Uber、阿里巴巴、Amazon、Apple和其他數百家公司都很年輕，他們打破舊產業的生財之道，靠創造新產品與新市場而大賺其錢，很快成為勢力遍布全球的企業。這些公司隨之擁有強大的經濟實力，同時運用政治力量遊說政府，反制有可能會限縮其獲利方式和擴張能力的法規。還有一點：他們的財富有很大一部分是來自我們的數據與勞力，以及在隱私和數據使用上侵犯我們的權利與期望。

當然，不是只有企業才會去整理數據而從中提取價值。各層級政府（地方、全國、超國家）會為了公共行政、管理運作、監控與安全等目的而產生及處理數據。這麼做在某種程度上可確保公民守法（如受教育、納稅、遵守交通規則），以及享用權利（各種服務、福利、住宅、醫療保健等）。人民與政府的往來活動愈來愈多是在線上進行，亦即直接與政府服務和資料庫互動。數據分析學也被應用在這些資料庫，用來抓出潛在的福利詐欺及減少造假。政府會拿這些系統來監督本身的績效，利用數據以評鑑計畫和政策的效率與效能，還有設計提供服務的新方法。順道一提陰暗面：正如維基解密所揭發的，愛德華・史諾登（Edward Joseph Snowden）和其他吹哨人已經證明，許多國家裡由政府主持的監控活動（例如美國國安局〔National Security Agency，ＮＳＡ〕和英國政府通信總部〔Government Communications Headquarters，ＧＣＨＱ〕，還有其他眾多監控機構進行的種種計畫），其範圍與本質已經發生重大轉變。這些機構除了利用分析政府數據而評估潛在的安全與犯罪威脅，也會依據商業數據監視民眾的意見（透過社群媒體、電子郵件、訊息傳送、電話交談）、關係（透過社群網絡）、活動，以及人群的位置。

以上這一切意味過著數位生活之際，我們亦受到某些令人擔憂的行為影響。即使你我所遭受的影響未必看起來都很糟糕，通常不會意識到自己參與建構的成品被揩多少油、受到哪些公然及隱晦的負面影響，或者別人被影響的程度可能有多麼深遠。大學研究人員、媒體批評家、政治評論員和許多商業專家的圈子裡，有一股呼聲日益強烈，要求我們應深入認識這些新興問題。放眼學術期刊論文、學術專書、報紙或雜誌爆料，以及各式各樣的 Podcast，愈來愈多人憂心數位生活的影響、成熟產業遭受的破壞、政府的作為不盡然都很正當、整個科技體系可能歧視或不利於特定族群、新平臺經濟會顛覆勞動力市場且創造更多不穩定的工作。事實上，一直有人呼籲投注更多心力採取對應行動，例如建立機器學習和人工智慧的道德指導方針、規範數據隱私與安全、實行數據正義，以及新勞動法規立法。

我們認為，有一個方法可以融會貫通這一切批評和警告，就是指出數位生活正沿著兩大主軸製造令人不安的問題。第一個問題主軸，我們稱之為「加速」（acceleration）：意思是說，數位科技進入我們的生活，儘管帶來種種便利，卻也造成壓力與日俱增。我們總是必須做更多事、永遠保持連線、隨時提高警覺，若想關機、放鬆、不重新連線，都是一番掙扎，有時真是苦不堪言。收發電子郵件吞噬我們的假日、在 Line 等通訊軟體傳送訊息干擾家庭時光、外食時各種數位裝置一直嗶嗶作響，每天到了下班時刻，意味要上線在網站之間穿梭跳躍，登錄各種資料，匆促地點擊一下這裡或那裡，總有種急迫甚至慌張的感覺，因為我們知道這不至於花太久時間，但網路偏偏莫名其妙龜速起來，然而我們必須趕公車，這個線上表格有錯，害我們無法提交，還有……還有……壓力愈來愈大。數位生活似乎壓縮到我們的時間，也讓時間支離破碎。

如果說問題的一軸是加速，則另一軸的問題非「提取」（extraction）莫屬。我們已經提到：隨著數位生活興起，它所仰賴的商業模式是投機地不斷探勘與我們的生活有關的一切數據，包括我們的嗜好、觀念和思想。許多數位服務和 App 都是免費的，我們用得不亦樂乎。然而，它們的建立與經營都必須花錢，毫無收入的話根本不可能負擔其成本或獲利。因此我們既是消費者和使用者，同時也變成產品。在某些平臺，我們更成為生產者（例如在社群媒體生產內容而供人消費）。以這種情況來說，我們是以數據和勞力交換服務。[21]話雖如此，這項交易是不平衡的，它的影響與後果對用戶來說並非完全清楚透明。可能造成數十億美元的利益流向善用這些機會的企業，而我們一點都不知道這種關係代表的意義。重申一次：是我們生產這些數據、成為螢幕背後那些追蹤和監控活動所針對的目標，以及演算法和數據分析學研究的對象。這些演算法和分析學的設計，以某種方式玩弄我們，通常是自動化進行，其中有許多做法更是缺乏規範或監督。攫取數據的行動中，我們是甕中之鱉。因此，當我們全面檢討加速和提取，會驚訝地發現像你我這種個別的使用者正處於一切事物的中心，負荷著來自兩個方向的沉重壓力。不過我們也知道，關於如何回應加速和提取，每個人都有不同程度的選擇能力。而且，我們能同心協力對抗這些壓力。正是這個意義的加速與提取激發我們在本書探討回應之道，我們深信每個人都有能力找到均衡的數位生活，或許都應該設法這麼做才對。我們亦相信是運算的喜悅導致全體遭遇加速和提取之害，但我們可以選擇建立新的數位化自我。此刻及未來回應加速與提取的方式，是最攸關的核心議題。

慢運算

有一種回應數位生活的方式，是將你的需求、興趣和社會整體的公共利益放在第一位，我們用慢運算一詞來描繪這個回應方式的特色。二〇一五年，奈森・史耐德（Nathan Schneider）在《新共和》（*New Republic*）雜誌發表一篇短文，引入這個詞，[22]意指使用以開源軟體自我配置的電腦。他在《美洲》（*America*）雜誌發表的一篇相關文章如此描述慢運算：

> 我的意思是，使用電腦和它所連線的網路時要有所選擇，要更清楚電腦如何影響我們和身邊的人。慢食運動重視在地經濟、傳統知識與生態，慢運算非常類似。慢運算意味不要單純地追求最有競爭力、利潤導向的軟硬體，而是應建立共有財，意即養成能反映類比價值的數位生活。[23]

史耐德將慢運算明確連結到慢活運動，該運動興起於一九八〇年代中期而歷久不衰，「緩慢」的觀念與價值被應用到日常生活與工作的不同面向。[24]因此我們看到有人籠統地呼籲實踐「慢活」（slow living），[25]其他類似的還有「慢食」（slow food）、[26]「慢學術」（slow scholarship）、[27]「慢都市生活」（slow urbanism）、[28]「慢旅遊」（slow tourism）[29]等。

我們與史耐德有志一同，希望把數位生活和慢活運動的觀念與理想結合起來。在我們眼中，慢運算是指一套目標和數條原則，它們的設計有兩個目的：其一是翻轉日常生活的各個層面（如居家、工作、休閒）從事及管理運算的方式，其二是改變整體社會如何回應與建立進行數位運算的架構。我們將在第六章深入討論，慢運算的核心精神是數位照護——照護自己與他人——的道德。我們選擇結合數位照護的道德和緩慢的觀念，原因在於廣義的慢活運動主要是為了對抗日常生活中到處都在惡化的緊張與壓力。慢運算是為現代社會的急速與忙碌找出另一條路，它推崇的是截然不同的價值——樂趣、耐心、個人與集體幸福、主權、真實、責任和永續。

緩慢運動的內涵不只是管理時間和速度，還包括經驗、品質和一整套期望和原則。例如慢食運動的目標是能以更從容的方式烹飪與進食，但也希望有更營養的配料和食材（例如有機、永續養殖）、更美味的食譜、更舒適怡人的用餐氣氛，而且主張健康的生活方式、反對速食的價值和經濟。緩慢的意義是指更為審慎的步調，然而也是為了打造不同類型的社會，一個更具反思性、努力創造更優質生活的社會。就這個意義而言，關於運算和數據對社會與經濟的影響方面，慢運算是既要實踐個人層次的政治（為了某些目標與原則而生活），也要力行社會層次的政治（主動而公開地推廣和討論那些原則，以及應該如何實踐）。

因此，這個觀念具有一種普遍的基本哲學，包含照護自己、彼此和地球的道德。慢運算不只是改變步伐，還要改變對重要事物的觀點，然後努力促成更持久、愉悅與滿足的生活風格。Facebook的創立初衷是「快速行動，打破陳規」（Move fast and break things），慢運算則剛好相反，它支持的是茹哈·班傑明（Ruha Benjamin）的相對精神：「動作慢一點，讓人強一點」（move slower and empower people）。[30]我們認為，在數位生活中應用緩慢，是為了對抗加速與提取。緩慢是與數位科技營造更豐富的關係，在使用數位裝置及App時，不會感到被騷擾、施壓、脅迫或剝削。

有許多人想要節制、反對、逃脫和改變他們的數位生活，要不然就只能在加速、提取和其他種種問題之下度日，「慢運算」一詞就是為了描繪他們的多樣化行動。我們既然將數位生活的主要弊端劃分為兩大主軸，於是上述反抗可以採取減速的形式進行，暫時重新配置數位生活的參與內容，加上面對大量湧現的平臺和提取數據的組件與基礎設施時，表演複雜的

「舞蹈」與之周旋。這兩個行動都不是萬無一失，它們會對科技使用者造成困難。但假如你想以自己的方式使用數位運算，那麼慢運算是可行且必要的選項。

加速和提取這兩大問題主軸表示數位生活正以高速迎面而來，而且相形之下你逐漸失控。你能如何回應？有一點很重要，就是看出你早就做得到一些行動——如果你能和其他人有效串聯，或許能做得更多——來對抗施加在你身上的壓力。[31]首先，我們所稱的回應，意思確實是說這些問題是你個人的，也是你的責任。是你一直和數位運算互動往來，才會感到時間與工作的壓力。問題的關鍵在於：你選擇分享哪些數據。

我們不是否認某些壓力是來自別人，例如老闆；也同意有些數據就是會被提取，不論我們願不願意。我們都受到結構性條件和關係的束縛，面對數位科技對生活的影響，與之對抗的能力因此受到限制，這些都千真萬確。例如政府可強制民眾透過數位系統洽公，雇主可堅持員工保持連線且反應靈敏，親友可以勉強我們使用特定的平臺和服務。控制數位生活方面，各種團體的自主性與能力亦是程度不一。工作不穩定的人會更加緊密束縛在數位鎖鏈之下，有色人種和少數民族更有可能被不當地分析和鎖定，貧窮及邊緣化社群比較難具備實行慢運算的工具和技能。其他人則是擁有社會地位和資源，更容易按照自己的要求過數位生活。

雖然如此，我們在自己的生活中都是主動的行為者，有能力——即使程度有限——形塑關係、反抗普遍的條件和決定如何行動。有一些行動我們都做得到，其中有許多只是小事，卻能讓我們取回部分控制權和自主性。還有某些步驟會造成不便、惱怒和障礙，有的則會很困難。但有許多情況只是在學習新行為，包括新的「點擊法」（就是你必須點這裡，然後那裡，再選取這個選項，接著是那個選項。點擊各個選項時，就是開始實行慢運算）。或者，你只需要知道什麼時候直接停止點擊或「聰明關機」即可（意思是你並非單純關閉數位裝置，而是讓別人知道為什麼你沒有回應他們）。隨著閱讀以下各章，可能會認得某些我們詳細討論到的慢運算策略，恍然大悟自己早就在實行了，只不過未必是用這些說法在思考。

我們認為個人回應是慢運算的重要元素，然而集體行動無疑是必要的。有一部分集體行動是實際行為，其餘則是體制、政治和哲學性質的措施。集體行動可由社群、企業、非政府組織、政黨、政府或公民社團帶頭，有些涉及建立新夥伴關係。例如一群人可聚集起來創建開放數據、開發開源軟體或推動公民科學干預，藉此改變數位仲介服務的運作方式。企業方面，可施行由市場引導的監管、自動自發採用且推廣某些做法，例如設計化隱私（privacy-by-design，把可以由個人控制的數據提取置入產品中），利用這些做法當作實現企業社會責任與競爭優勢的手段。非政府組織和基金會可打造或輔助隱私強化工具，像是廣告攔截器、訊錄（cookie）*攔截器和移除程式、惡意程式偵測與攔截、網站封鎖、加密工具，以及數位服務，進而退出數據仲介持有的資料庫。政黨可將慢運算觀念納入政策提案，且施壓政府採用。政府可規劃及實施有關公平資訊行為原則、設計化隱私、工作時間和條件的政策干預、制定保護人民權利的新法規，以及在政府本身的計畫和施政方面，採行可建立與推動慢運算的治理模式。學界和公民自由團體可揭露有問題的議題和做法、構思與討論照護的道德，為創造及實現慢運算羅列理想原則。

有些社群從數位科技發明以來，便一直積極實踐慢運算。他們的方法證明我們能夠主動執行慢運算，而且能徹底改變日常生活，取決於我們所主張及實行的各種價值觀有多深刻。例如基於宗教原因，正統猶太教徒在安息日不會使用數位科技。有趣的是，關於奉行這些信仰與慣例的潛在缺點，解決之道也是在於數位科技。他們可利用自動化功能打開或關閉照明設備，或者錄存電視節目和電話訊息，日後再來觀賞、處理。[32]亞米胥派（Amish）基督徒同樣有不使用或限制使用數位科技的慣例，部分是出於宗教理由，同時也是為了在數位時代保存文化自主性。[33]霍爾·萊因高德（Howard Rheingold）指出，[34]亞米胥派的態度只是「科技選擇」（techno-selectives）而非科技恐懼。他們使用的數位科技是那些他們相信可以凝聚社群、維持亞米胥價值的，或者是基於經濟需求。如果是他們認為會造成家庭鬆散或干擾社群時間的科技，就會避免使用。這種做法的重點不只是科技的使用方式，而是能意識到科技如何改變個人與社群。他們使用數位科技時，例如手機或筆電，往往成為共享的資源，而且是以特定、有限的方式使用。[35]例如所有工作人員共用一支手機，且只用於公務。

你不必為了實行慢運算而像亞米胥派那麼狹隘地使用數位科技，但確實必須以科技選擇的態度應用。不僅如此，還有許多運動方興未艾，它們無關宗教信仰及文化社群，卻能積極實現慢運算，而且大部分運動都會感激有你的支持。你有各種不同的方式可支持慢運算運動，包括：積極參與干預行動、資助開源計畫、推廣慢運算議程或原則，或者在日常生活中採用新工具和行為。如果數位生活依舊進展迅速，其他形形色色的干預行動無疑會不斷出現。我們致力於推行慢運算，意味著對數位生活的發展狀況保持警覺，同時與其他人合力採取各種行動以奠立正確的基礎，有需要時隨時隨地加強這些基礎。只要我們還有能力就責無旁貸，必須繼續找出充滿想像力的方式共同回應數位生活。此處我們要指出一個重點：運算的喜悅——存取的速度、觀念的擴散、資訊與洞見的分享、人與人的連結方式——製造嚴肅的機會讓我們探究想法和討論、構思新的行為與原則。或許人們會忍不住一直點擊超連結或

＊譯注：網站使用的工具小程式，用以記錄使用者的設定和行為模式等活動，亦直譯為「餅乾」。

滑動手機螢幕，毫不在意周遭環境的變化，但我們希望這種人愈來愈少。唯有藉助個人與集體的行動，我們才能變換速度，建立更為均衡的數位社會。

必須說清楚的是，我們不是主張完全撤離或只要有緩慢的進步就好。慢運算大師卡爾・奧諾雷說：「緩慢是重新學習換檔這項失傳的技術……速度是美妙的、刺激的、自由的、有趣的，它能有巨大的生產力。」我們和他一樣不反對速度。我們認為，「你必須包含各種速度，就如同任何音樂，不應該只有一種節奏」。對奧諾雷而言，緩慢是指「以正確的速度做事——這是音樂家所說的精確速度（tempo giusto）」，避免掉入「想用愈少時間做愈多事的陷阱，在各方面都把數量看得比品質更重要」。[36]我們提倡的是新的移動方式，最終目標是大家都能更加反思數位生活之路的未來，這是為了認清慢運算能為個人幸福與社會安康貢獻真正的益處。

本書概要

有哪些可能的行動？需要從哪裡著手？會遭遇什麼阻礙？我們用以下各章回答這些問題，讓我們從問題與阻礙開始談起。

第二章探討的是日常生活的加速。我們強調過去幾年所發生的事情，檢討生活步伐、節奏、日程安排，以及工作、家庭與社交往來的連結等方面的轉變，藉此說明為什麼我們的生活確實正在加速。其次，暫時不去談負面後果，像是永無止境的參與、時間壓力與短缺、無暇深思熟慮，以及引入更多技術官僚形式的治理。先詳細討論這些變遷的正面影響，例如移動更快速、會面更便捷、任務更有效率且及時完成，還有服務更完善。我們指出，想要利用數位生活——而且樂在其中——卻又完全避免加速，簡直天方夜譚。至於取得平衡呢？那就可以做得到。

第三章的重心轉移到數據提取和它對於慢運算的意義。檢視數位科技如何產生關於數位生活的足跡和身影，市值數十億的數據仲介和廣告商隨後如何利用這些數據。我們探討用數據交換服務的表面好處，且根據四個主要議題分析它的陰暗面。這四個主題是：一、隱私權；二、差異、特徵分析和分類；三、治理和政治；四、生產。它們代表慢運算的重要障礙，同時也是通道，我們可藉此步入更均衡的數位社會。

第四章陳列許多具體行動，大部分都是個人可以用來推動慢運算的做法。首先，我們注意到的是時間成分，這是關於讓事情減速。我們提出「時間主權」（time sovereignty）的概念，接著強調反思、稽查和識別偶然性，它們能在數位生活的步伐與節奏方面為我們提供更多控制權。然後我們聚焦於數據提取，透過「數據主權」（data sovereignty）這個概念，討論如何管理或脫離過度的數據採集。我們概述四組干預措施，即策展（curation）＊、使用開源替代品、遠離數位科技，以及實行混淆視聽，你可以採用這些做法來保護自己。即使有這些策略，依舊難以達成慢運算。本章最後，我們先檢討箇中原因，然後思考應該如何構思與規劃自己實現慢運算所需的策略和技巧。

第五章從個人層次提升到集體層次，勾勒出廣泛的實踐做法，都是你在追求更均衡的數位生活之際可以投身參與的。這些做法有一部分是為專家級數位科技使用者準備的，但其餘大部分都需要一般使用者支持。數位生活的典型色彩之一，是你我在企業巨頭或政府面前顯得無能為力。然而，我們看到有些國家的立法人員已經率先行動改變相關條款，讓一般公民能夠享有預期的數位生活。團結一心，就能改變世界。我們審視集體減速行動的兩個相關成分，即慢運算實踐與權利，以及創造慢運算空間。接下來從不同觀點討論脫離數據提取的集體行動，這些觀點有：產業領導的行動；政府和政策制定者的監管；社群、公民社團及非政府團體展現的數據主權。最後一部分，我們思考了慢運算社會的樣貌為何。

第六章的主題是探索數位生活的未來。關於數位社會與經濟應該是什麼樣子，我們建立一套標準主張。透過道德的鏡頭而聚焦於照護、公平、平等和正義，嘗試重新想像數位生活，我們的目標是為創建與永續維持慢運算提供道德論證。我們首先鋪陳時間主權道德，藉此合理化減速行為。其次是數據道德，它能讓使用者對於自己的數據和用途更有自主性和控制權。探討慢運算可以擴展到所有族群的程度，無論其性別、種族、階級或能力為何。我們的問題是：大家是否都有相同的機會對付加速和數據提取？

最後一章總結本書的主題。指出許多個人行動和集體做法，亦強調我們需要培養新的數位照護道德。接著探究如何打造一個更均衡的數位社會，以及實行慢運算會不斷遭遇到的障礙與克服之道。慢運算的喜悅就在我們垂手可得之處，它是每個人都應該努力追求的。然而，為了實現慢運算的喜悅，我們必須了解相關議題，且以行動反抗加速和數據提取的勢力，希望在這一條道路上有你加入。

＊ 譯注：curate 通行的中譯是「策展」，但在本書中與藝術展覽方面的工作無關。根據牛津字典的解釋，它亦具有「選擇、組織、呈現（線上內容、商品、資訊等）」的意思，這才是作者的原意。

CHAPTER 2

生活加速中

星期二，上午七點四十五分，你通勤上班的路上一切順利，目前為止沒有任何耽誤。十五封等待處理的電郵已經回覆八封，只剩下七封，但這幾封都很麻煩。你打開手機的瀏覽器，從公司的伺服器下載一個檔案，從頭到尾檢視一番，確定上面有需要的資料。回來看電郵：「嗨，莎拉，三月的銷售額成長三．四%。請告知是否需要其他資訊。」回到瀏覽器：顯然昨晚有人在公司的 Twitter 上貼了一則不爽的留言。你找到這則留言，快速查看該顧客的個人背景，複製了留言。回到電郵：「嗨，詹姆斯，昨晚有人在 Twitter 炮轟，我把留言貼在這裡，請解決。」你見到莎拉已經回信，她想知道過去五年來三月的銷售額各是多少。你就快到站，沒有時間應付她：「莎拉，請等我二十分鐘，我的火車正要到站。」詹姆斯回信了：「是誰發了這則推特？」回到瀏覽器，網路怎麼斷線了？你左顧右盼，其他通勤族也在東張西望，人人一臉困惑。火車上的無線網路大概當機了，這時你才發現已經坐過站。

對許多現代人來說，上班時間和下班後的時間兩者的區隔已經消失無蹤。數位革命前，很少上班族會在通勤的路上忙公事：大不了會閱讀報表或為下午的會議事先準備筆記，但這類活動有技術上的限制。沒有電子郵件的情況下，你和莎拉或詹姆斯的聯繫只能等進辦公室後當面說，或者回到辦公桌再打電話給他們。閱讀報表時，不會收到「叮叮」的通知聲要你去處理其他事務。時至今日，科技既能促成也鼓勵我們跨越數個平臺，同時進行好幾組對話。你可能從睜開眼的那一刻就上線了，而且一上線，各種公事輕而易舉便能將你淹沒：回覆電郵、檢閱技術報告、尋找更新、向同事索取資訊、編輯檔案，林林總總，這些都是在你泡咖啡、吃早餐、幫小孩換衣服、送他們到學校、搭火車時同步進行。換成另一種情況：假如你的工作是屬於零工時合約（zero hours contracts）*或輪班性質，老闆可能臨時通知你上班日和時間，代表你必須火速重新安排當天的生活內容，加上承擔這麼做所帶來的全部壓力。

我們描繪的這種工作型態稱為「工作時間漂移」（working time drift）[1]或工作時間彈性，是當前社會生活一項愈來愈明顯的特色。在英國，據估計每人每週的工作時數，比合約所要求的平均超出五・一小時，[2]某些行業更因為高於這個平均值而引人注目。這些勞務有

＊譯注：指雇主對員工沒有保證最低工作時數的義務，亦可自由安排員工的工作時間。

的領得到加班費，有的則是無薪付出。工作占據額外時間的情況，有許多沒有把數位化仲介的工作算進去，這部分工作都是由眾多細小的任務組成，讓你在這裡花兩分鐘、那裡花五分鐘，不是一大段一大段的時間。對許多企圖達到適當的「工作－生活平衡」的人來說，數位化仲介工作的本質構成一大挑戰。當工作來襲，我們就會有陷入「無止境工作」[3]的風險，被工作消耗掉我們的清晨、傍晚和週末。這已是某些人遭遇的處境，且情況看起來正在惡化：各行各業有愈來愈多人被捲入這種工作流程體系，期望或至少引誘他們「隨時待命」、[4]「隨傳隨到」。[5]一段平凡的通勤路程，如今必須付出快速而密集的行動，正如本章開頭所描述的那樣。

這種工作時間漂移現象已變成值得期盼的文化，透過一套價值觀促成的，就是將過勞高舉成讓人讚揚與推崇的行為。[6]誰想要有領先群倫的人生，就要有超長的工作時間、隨時有空且剝奪自己的時間和勞力。於是長時間工作、無法休假、壓力大和「過勞」——根本是工作狂——都凝聚成榮譽勳章。如果有人弄得筋疲力盡，那是追逐成功的代價。擁護緩慢運動的方洙正（Alex Soojung-Kim Pang）指出，我們覺得「永遠充滿不確定性的經濟環境要求我們必須接受這些工作條件，否則就等著被取代」，這種意識更強化了上述觀點。[7]亞莉安娜．霍芬登（Arianna Huffington）認為，「從不休息的全球經濟期望我們忽視休息的必要」[8]和應不斷藉由工作與其他活動而創造價值。而且，數位鎖鏈和多如牛毛的應用軟體使我們的休閒時間、夜晚時間乃至睡眠都被數位企業殖民化及貨幣化。這點反映在睡眠時間縮水上面：現在美國人平均每晚的睡眠時間是六．五小時，上一代則是八小時。[9]問題的一部分在於我們獲得報酬的依據已不限於執行職務，也包括表現忙碌的程度，衡量的方法是利用我們使用的裝置（追蹤關鍵行程、登入／登出、交易量等關鍵績效指標）和超出合約要求的工作時數。方洙正提到：「現代化辦公室裡，全世界就是同一座舞臺，人人無所遁逃於攝影鏡頭，表演永遠不會停歇」。[10]其他促使過勞的因素還有工作安全感降低、競爭加劇、對生產力的要求、薪資停滯不前、住宅與商品價格飆漲，以及工會被侵蝕，凡此種種均迫使我們不得不加倍工作以求保住飯碗。[11]

我們度過時間的方式改變了，但不僅是因為工作。在新穎的數位科技相助之下，我們與人互動和組織社交生活的方式，同樣對日程安排、各種規劃和生活的步伐及節奏造成變化。智慧型手機和定位媒體（如手機上的位置感知軟體），經由顯示附近朋友的位置，使我們做得到即時安排見面或巧遇，已經改變協調、溝通和在各種場合進行社交聚會的做法。[12]以前無法安排活動的時段，數位科技也能讓我們如願以償。例如在公車站等車時，可以同時網購或付水電帳單。昔日的「空檔時間」變身為「生產力時間」。[13]不僅如此，這些數位科技讓我們有能力從事多工及穿插活動，因此能夠同時進行多項任務，而非一件一件按部就班：現在我們可以一邊看電視，一邊在社群媒體貼文、查找未來可行的旅遊安排、往嘴裡送垃圾食品、和家人閒扯淡。此外，都市裡的網絡化監視系統應用感測器、致動器和攝影機，意即我們能透過應用軟體取得即時資訊，知道各種現況，如公車、火車現在的位置、停車場剩餘的車位、自行車停車架停放多少自行車、此刻的天氣如何，然後根據這些資訊決定接下來的行動。[14]知道這些現況，我們就不需要規劃路線或活動，事到臨頭再做決定即可。這些變化固然有益處，也少不了負面代價。其中較為顯著且可能很諷刺的一項，就是這類科技往往造成壓力——我們因此感到匆匆忙忙，而不是更加悠閒從容。[15]

基於這種背景，本章的目標正是說明社會生活不斷加速的過程和原因，以及為什麼必須減速。針對這類時間趨勢，學術界已有多年研究，提出許多關於現況的解釋。我們直接切入這些理論，藉以分析當前面臨的各種核心力量。我們的論點是：加速無疑正影響著生活方式。

本章一開始，我們強調造成加速的科技發展為何，其中有兩組發展應該注意。首先，是具有突破意義的交通及通訊科技，它們在過去兩個世紀裡大幅縮小世界的範圍。鐵路、汽車、飛機、電報和電話都是重要的角色，它們創造所謂的「時空壓縮」（time-space compression），[16]使世界變得更小、運作更快速，我們稱這組科技為「類比型加速器」

（analogue accelerators）。第二組科技是「數位型加速器」（digital accelerators），它們發揮當今的運算力量，擴展、甚至轉變我們移動和與人產生連結的方式。包括網際網路、個人電腦、行動電話、智慧型手機和（很快就會有的）自動駕駛汽車。這些科技不僅能夠提高通訊及資訊傳送的速度，也能仲介及擴增類比模式的旅遊、物流、服務提供，實現線上購物、更快取用資訊，以及更有效率、更完善的成果實現和協調。人們遠在他方即可獲得服務，既節省時間，也免去很多辛勞，還能略過人到現場的排隊等候。[17]

接下來會討論到：當我們聚焦於加速，有正、反兩面的議題需要考慮。無論如何，運算帶來的樂趣之一，是科技讓大家都更有能力，這點毋庸置疑，而速度是其中的一大關鍵。簡單來說，加速確實讓我們得以完成更多工作，它有許多值得喜愛之處。然而，天下沒有白吃的午餐。加速性的科技增加對回應的要求，這點會讓人疲於應付。許多人都會發現，我們之所以愈來愈感到焦慮不安，罪魁禍首正是加速。總之，其中有許多影響必須深思。我們依據這些論點而提出的主張是：為了創造均衡的數位生活，需要持續進行新的衡量，知道生活中有哪些影響應該寄予最大的關注。

更快，更小，互相連結

加速來自於發明、創新及其（往往很快速地）採用，尤其是和設計來提高生產力的工作場所科技（如裝配線）及管理工作流程的工作場所時間制度（如打卡上下班和工作量模型）這兩方面有關。凡是能加快營運、優化時間和創造效率的企業，即可獲得競爭優勢及利潤。俗話說得好，時間就是金錢。因此，企業投注資金製造及採用某些科技與做法，藉以加快生產商品和服務，且將商品和服務推入市場的流程。資本主義時代，為求生存與繁榮，加速確實是不可或缺的。一開始我們有了蒸氣機，然後是內燃機和電器，改變工廠與辦公室的運作方式，也改變勞工的生產力。數位科技是驅動工作場所加速的最新工具：它的運算速度連最有效率的員工都望塵莫及，能用來控制及自動化許多系統，可促進創新，使企業在競爭與淘汰中穩操勝算，也能有效監控及管理工作場所的績效。無怪乎美國企業在資訊科技方面的投資額，從一九七〇年的五十億美元升高到二〇〇八年的三千五百億。[18]直到二〇一一年，美國有七六％的全職員工和五二％的兼職人員在工作上會用到網際網路，二者合計只有四分之一的員工在工作上不必使用電腦設備。[19]

許多科技是針對家務設計，目的是加速完成工作、減輕勞累負擔，創造更多閒暇及增進生活品質，這些科技讓居家生活今非昔比。人工的清潔工作大多被吸塵器、洗衣機和洗碗機取代。準備食材和烹煮是利用冰箱、冷凍櫃、攪拌器、電熱爐（壺）和微波爐去做的。洗澡不再是升火燒熱水，改在熱水隨開隨用的淋浴間完成。在戶外，我們使用（時至今日甚至是自動化的）電動割草機、切割機和灑水設備照顧花園，使用吹葉機和電動清洗機清潔車道。擁有更靈敏且更易於控制的冷暖氣系統，再加上眾多室內娛樂媒體（串流廣播、電視、網際網路），我們的生活品質提高了，已經不需要蒐集燃料或靠出門的方式休閒。輕而易舉即可同時及穿插進行多項工作，例如煮飯時能收拾洗碗機的碗筷、把要洗的衣物丟進洗衣機，還能順便講電話且跟上在背景播放的電視新聞最新消息。科技重組在地的居住安排方式，像是電梯使我們能住在摩天大樓，大眾運輸和汽車則讓郊區有了住宅。居家科技因數位化而變得強大，經過程式設計後，用途更多樣且更加複雜。這些科技能夠互相連結，因此我們可在遠端進行遙控（例如人在回家的公車上就能啟動咖啡機或變更暖氣設定）。

加速的另一項重要驅動力是運輸和通訊科技的創新，它們的設計目標是加速商品流通，使人們更緊密聚集，讓資訊流動更快速，以及連結各個場所。過去二百年以來，有許多重大的科技創新已經帶來顯著的時空壓縮，就是穿越和連接空間所需的時間縮短，相形之下，世界變小、變得更密不可分。相較於祖上三代所生活的世界，如今在地球上任何兩個地點之間的移動既容易、迅速，也便宜得多，我們足不出戶即可搜尋資訊和完成購物這類工作。至於加速科技在辦公室和工廠的應用，時空壓縮更是攸關資本主義和經濟成長。[20]移動和運輸的時間要付出金錢成本，因此加快移動和通訊的速度等於節省支出，同時打開新市場，進而創造利潤。推動加速的力量，是資本主義的經濟邏輯。

學者研究指出，時空壓縮包括兩個相關過程。其一，時空聚合（convergence）：指兩個地點之間通訊或移動所需的時間變少。[21]隨著運河和鐵路的發展，大量人群與貨物的移動愈來愈快、愈來愈便宜；由於發明電報，遠隔兩地的通訊在本質上變得就像是即時進行。其二，時空遠距化（distanciation）：指不同地點之間日益提高的同步性，以致於產生相互穿透及相互依存。[22]舉例來說，企業的營運能夠採取全球化布局，某地的員工接受另一地的經理負責監督指導，且由中央統一指揮龐大、複雜的物流網絡。在不同地點之間流動的人員、貨物、服務、資訊和資金製造相互依存的關係，於是在某處發生的任何事都會直接影響另一處的現況。本質上說，這兩個過程意味距離的障礙逐漸被速度克服；或者套用某些人的說法，是時間消弭空間。[23]

直到一九七〇年代為止，驅動時空壓縮的是類比科技的創新，例如運河、鐵路、電報、電話、汽車、飛機、廣播、電視、衛星等。運河和鐵路是促成工業革命的關鍵力量，開啟各洲大陸內部的貿易、資源開採及殖民。直到這些行為普遍蔓延開來，想要在兩地之間以最快速度穿行，主要是依賴馬匹。利用馬車、行經狀況優良的道路，加上乾爽的好天氣，時速約十公里。[24]因此，空間上相隔的距離，是人員、貨物和思想觀念能否迅速移動的一大阻礙。英國的倫敦和布里斯托相距約一百九十公里，一七五〇年時駕駛驛馬車需要四十八小時車程。到了一八二一年，由於路況改善，車程是二十四小時。[25]然而品質良好的道路僅限於重要地點之間的聯絡往來，脫離常用道路或行經崎嶇的鄉間，移動速度會慢下來。蒸氣機發明前，走水路移動的最快方式是靠帆船，而這種方式得看盛行風向、天氣和潮流的臉色。例如橫渡大西洋可能要花二到四個月時間。當時長途旅行是罕見、昂貴且往往是單程的，從歐洲移民到「新世界」的人心裡有數，這條路很可能有去無回，他們再也無法見到故鄉。就資訊流通稀少來說，他們對於旅程的目的地相對所知不多。他們和家人的通訊需透過書信，郵寄一趟可能費時數週或數月。

火車的發明是旅行方式的一次真正大轉變，一八〇〇年代中期，從倫敦搭火車到布里斯托的車程是五小時，到了一八八〇年代則只需兩個半小時。一八三〇年，從紐約搭驛馬車到芝加哥需要三週，一八五七年改搭火車的話是兩天。[26]蒸氣動力的火車以速度消除空間，有非常多人確實相當頻繁且規律地這麼做。如今，世界上某些地區運氣夠好的旅客能找到高速火車，時速超過三百公里。引入蒸氣動力船隻使航行的時間遽減。以英國和澳洲之間的船運來說，一八八二年，當時從英國到澳洲佰斯的船程是三十到四十天，到雪梨是四十到五十天。[27]現在若以貨櫃船行經蘇伊士運河，行程可低於三週。

剛過二十世紀不久，汽車的動力心臟內燃機掀起個人旅行的革命：汽車賦予我們單獨或小團體旅行的能力，能夠去探索新的空間，超過鐵路所能抵達的範圍。與時俱進，鐵路網變得更密集、車輛賣得更低價且更可靠。而且，重要移動路線（如高速公路）使車輛的平均時數達到一百公里，亦即移動速度至少是馬車的十倍，並且可一小時一小時地持續行駛，公路網同時促成貨物從此可以挨家挨戶遞送。

到了一九二〇和三〇年代，新型機場網絡和路線開始遍及各洲大陸，促進早期的空中旅客成行。即使空運比海運或鐵路更快速，一九三四年，橫越美國仍需要三天，而倫敦飛新加坡就需要八天。[28]再說，這絕對談不上是費用低廉的旅行方式。以倫敦到新加坡為例，一趟機票要價一百八十英鎊（一九三七年，相當於英國平均年薪的一．四倍）。[29]航空郵件服務在一九三〇年代問世，更進一步降低信件和包裹寄送的時間。時至一九六〇年代，噴射機能以近一千公里的時速穿梭於五大洋、七大洲，從澳洲飛到英國的時間可以縮短到一天以內。雖然世界上最窮的人口還無法負擔得起飛行體驗，但幾乎所有人都見過飛機在天際翱翔而過，而且有幾十億人曾經以這種高速旅行。

電報發明前，最快速的通訊方式是飛鴿傳書，雖然這個做法有其天然限制，且往往是單向進行（從你所在之處送到你家）；除此之外就是利用驛馬車送信。電報是在一八三七年發明，訊息可經由基礎建設的電線，在報務員之間的電路傳送，大舉減少資訊從一處傳送到另一處所需的時間（只要兩地都在網絡上）。例如一八七〇年，從倫敦寄信到香港需要五十天，然而打電報只需三天就能把訊息送到。[30]歷經整個十九世紀，電報線布滿每個主要城鎮，還有行經海床的管線連通各大洲。由於它具備及時通訊的功能，是政府機關和企業的重大基礎設施。發明於一八七六年的電話把摩斯密碼的訊息轉化為聲音，我們能和不在聽力範圍之內的人進行口語通訊，雙方甚至可能各在天一方。二十世紀，隨著新線路鋪設，電話慢慢延伸觸角，首先是進入有錢人的家庭，接著是中產階級，最後是勞工階級。

十九世紀時發明無線電，成為重要的廣播媒介。一八九四年，義大利人古列爾莫．馬可尼（Guglielmo Marconi）生產的無線系統首次獲得商業上的成功，被用在陸軍和海軍方面。一九二〇年，新聞、運動和現場音樂會破天荒透過收音機向社會大眾放送，最遠可達一百六十公里外。到了一九二〇年代中期，廣播電臺開始串聯成網絡，經由中繼設備同時播放節目；再到一九三一年，美國的網絡範圍已經擴展到岸對岸（雖然國內以西部為主的大部分地區尚未進入網絡）。[31]時至一九四〇年，八〇%的美國家庭擁有一部收音機，有家用電話的僅三六%。[32]比起報紙的流通，收音機更加即時，傳播範圍更廣。

電視機的誕生同樣根植於十九世紀的許多發明，但直到一九二〇年代中期才成功演進為完整運作的系統。它的商業化一開始發展得很緩慢：黑白電視機上市及電視臺成立是在一九四〇年代，彩色電視節目是在一九五〇年代中期出現，可是直到一九六〇年代中期，價格合理的彩色電視機推出後，才變成常態的節目。[33]隨後如有線電視、衛星電視和錄放影機等先後發明，觀眾的選擇更多、更廣。這一切科技縮小了世界、加速它的腳步，改變人們對距離的理解和體驗。到了二十世紀中葉，一種新的全球意識浮現，人群、貨物、資訊和資金可經由許多新穎且不斷拓展的管道在國內移動或遠渡重洋。社會大眾都能旅行得更快、更遠，能取得更多資訊、商品和服務，生活起居和其他地點的密切連結更勝以往。網路在持續擴展與使用人口大量增加之下，成本隨之直線下降，變得更平易近人。如今我們只需要花幾百歐元或美元，就能行遍半個天下，傳輸大量資料的費用不過區區幾分錢。

這是人類以類比形式旅行及傳送資訊，其速度的提升之快已令人讚嘆，然而，對照現今傳送資訊的數量和速度，或是我們如何協調工作及最佳化旅行，只能算是小巫見大巫。運算科技的發展釋放了數位型加速器，很快便宣告突破類比型加速器的局限。自一九七〇年代以來，數位型加速器對日常生活的影響日漸深遠。

網際網路發明於一九六〇年代晚期，且在一九六九年十一月首度登場，連結美國史丹佛大學和加州柏克萊大學洛杉磯分校兩處的電腦。到了一九七一年，該網路共有十三個節點（node），一九七四年，全美共計有六十二個節點，所有節點之間至少有兩條路線可用。[34]TCP/IP 協定*開發於一九七三年，至今仍在使用，全世界數量龐大而多樣的機器因此能彼此通訊及傳送數據。[35]電子郵件是在一九七〇年開始普遍於整個網路上應用，當時形成的其他重要科技有：乙太網路（Ethernet），它的發展使區域網路（Local Area Networks，ＬＡＮｓ）能夠上線；利用衛星傳送數據；在美國以外地區，法國、德國、日本及英國等地建立起網路；以及第一個非機構建立的網路，它是由業餘愛好者利用個人電腦、數據機和電話線路開發而成的早期電子布告欄系統（bulletin board systems，ＢＢＳ）。[36]ＢＢＳ是一般檔案分享、公共存取服務及社群媒體的先驅。一九七〇年代末期，網路大體上仍是封閉的，僅供研究、軍方人員和業餘者使用。一九八〇年代的特色是機構型網路與ＢＢＳ二者穩定成長、公共存取網際網路

＊譯注：transmission control protocol，ＴＣＰ（傳輸控制協定）；internet protocol，ＩＰ（網際網路協定）。

建設的發展，還有在文字世界創建的初期虛擬遊戲。

從網際網路上的內容、服務和利用呈現指數型成長這點來看，主要的突破發生在一九九二年。當時任職於瑞士日內瓦CERN*的英國人提姆．柏內茲－李（Tim Berners-Lee）發表的協定和軟體創造「全球資訊網」（World Wide Web，即 WWW or the web）。[37]全球資訊網上，文字、圖片和聲音得以結合，傳達更多資訊，且運用超文字（hypertext）將不同網站連結在一起。Mosaic 是個瀏覽器應用程式，和搜尋引擎一樣，提供使用者易於操作的網頁圖形界面。Amazon 成立於一九九五年七月，線上購物正式起跑。一九九五年三月，全球資訊網成為網際網路上流量最大的服務，超過檔案傳輸服務。[38]整體來說，全球資訊網仍是一項傳播媒體，由企業和個人創建網頁之後供其他人瀏覽、探索，使用者能參與的程度相對受限。約二〇〇三年，全球資訊網的性質開始發生轉變，進入所謂的「全球資訊網2.0」。[39]此時全球資訊網部分成為可讀寫的媒體，不再只是單純供瀏覽資訊或消費的地方。人們使用網站時，增加了它的價值（例如使用 Facebook 和 Twitter 等社群網站），能輕而易舉地生產自創或分享的內容（如影音分享網站 Flickr、Instagram 和 YouTube 等）、維基共筆（如開放性的集體寫作網站維基百科或開放街圖〔OpenStreetMap〕）及建立部落格。[40]二〇〇〇年代智慧型手機降臨，透過無線連接（如 Global System for Mobile communications，GSM〔全球行動通訊系統）、Wi-Fi和藍芽）和花樣百出的應用程式，網際網路搖身一變成為行動媒體，你在地球上的任何角落都能上網。到了二〇一六年，擁有智慧型手機的人口剛超過二十億大關，[41]大家利用手機從事各種活動，遠超過用來打電話。

全球資訊網除了可供人連線且與之互動外，如今連物件、裝置和基礎設施均已成為「物聯網」（internet of things）的一員。二〇一八年，據估計已有二百三十億個物件連線，共同構成物聯網，這個數字將在二〇二三年達到五百億。[42]每一個連線到網際網路的「物」，都會被指定一個獨一無二的識別碼，因此人們能夠從遠端和它溝通。[43]意思就是說，你可以在遠距之外監視和控制它的使用情況，從前的普通消費產品和家用物品如冰箱和暖氣系統，如今都躍升成為「智慧」物件，已往的類比系統也能經過運算而優化。接下來，一向只有接受人為監控的各種系統開始自動化，從感測器、加速器、攝影機和裝置傳輸來的數據會依演算法處理，然後再回傳各種指示。[44]舉例來說，道路、交通攝影機和應答器機盒的有感迴路會將即時數據傳回控制室，由專家軟體負責監視車流量，且計算如何最佳化顯示交通號誌，再

＊譯注：今名歐洲核子研究組織，European Organization for Nuclear Research，CERN係該組織前身的縮寫。

將定相指示傳送到交通號誌網路。該系統即利用這樣的方式因應當前的車流狀況而自動調整，這類發展實現智慧城市和智慧家居等觀念。

近來已有大筆資金投入製造自動駕駛車輛和無人機，連網運算和空間大數據（如全球定位系統GPS〔Global Positioning System〕、雷射雷達LiDAR〔light detection and ranging〕、高解析度地圖）使無人駕駛的移動變得可行。很大程度上這依舊只是科幻辭令，尚未成真，其中包含重大的監管議題有待解決。然而，許多測試平臺早就在運作了。企業投資的目標，是指望這些科技能夠改變個人移動、物流和消費。這意味生活的世界愈來愈充斥如影隨形、無孔不入的運算，演算法就埋在物件之中，到處都可以取用。

對某些人而言，數位型加速器所造成的時空壓縮已如此深遠，因此他們認為社會和經濟生活的重要面向和資源不是空間，而是時間。[45]網際網路和快速的旅行代表我們是生活在「瞬時時間」的時代，它和「時鐘時間」具有不同的性質。[46]例如，不同時區的共時性（身在全球不同時區的人能體驗到共同時刻，像是同時觀賞運動賽事或媒體報導，或是透過社群媒體互動）；隨著就業和社會慣例改變，日與夜、週間與週末的區別不復存在，還有工作時間彈性化；時尚、產品和觀念含有易變、可拋棄及流動等特性；如家庭用餐時間這類原有時間規範受到侵蝕；準時制物流（just-in-time logistics）＊和商品或服務的交付方式若非立即

（藉由網路，如數位音樂、書籍、電視節目、電影）就是快速（數小時內或隔日）；以及基礎設施和系統的即時管理。

時間理論家羅勃・韓森（Robert Hassan）認為，就像時鐘將我們與時間的關係從社會名目（如節慶祭典日）和大自然節奏（如四季、晝夜循環、生物時鐘）轉變成抽象的機械刻度（時鐘時間），網絡化運算也正在改變社會與經濟的時間邏輯，從「時鐘時間」轉移到「網絡時間」。[47]安排用餐時間、上下班打卡、時間表、預訂會議，諸如此類行為都是依照時鐘衡量而進行，現在正被更大的時間彈性與時段轉換取而代之（活動即時安排與協調，跨越空間和規模）。網絡時間改變活動和事件的安排及規劃，不再講究「特定時間與地點」，而是可以在「任何時間，任何地點」。這表示如購物、通訊、使用銀行服務、遊戲和旅行等活動的運作如今都是分布在一個「永恆的現在」（perpetual present）之中[48]——立即、永遠，而且無處不在。[49]於是，我們的時間感和時間經驗都不一樣了，數位型加速器就這樣劇烈地影響我們的世界。

＊譯注：即要求物流體系達到於準確時間在準確地點提供準確物品等目標。

加速的好處

類比型加速器經歷過很長的過程才將世界縮小及加速，數位型加速器則更進一步改變事物。不是只有普羅大眾會在加速所造成的各種影響中看到值得稱道之處，這些科技同樣獲得企業的投資和政府的支持與採用，他們很清楚利用這些科技能得到重大好處，而且民眾很渴望這些科技，相信你心有戚戚焉。歸結來說，加速在個人層次具有三大好處，分別是和移動、連結及完成有關。

移動：從鐵路、汽車到飛機，加速讓人類能以驚人的速度穿越大地和海洋，其中顯然有很多值得喜愛的地方。你可以住在距離上班地點一百公里或更遠之處，然後每天通勤上下班，或者是在家工作（有手機訊號或 Wi-Fi 的話，也可以在咖啡廳、旅館客房、飛機上或簡直可以說任何場所），仍然能與上班地點保持連繫。你可以和分布在五大洲的同事同時處理同一份文件，或是加入一場會議通話。甚至可以在移動中、上下班途中（聆賞網路音樂、影片或逛網站時），同時處理該文件。你的兄弟姊妹有人遠在國外，固然相隔遙遠，但在家庭遭遇危機時，只要負擔得起都能夠快速返回。你的子女在外縣市念大學，你想去探視他們並不困難。

從時鐘時間解放出來後，你不再需要事先決定特定的時間和地點，才能與朋友會面。你在路上即可隨時致電或傳訊息給對方，安排見上一面。搭乘大眾運輸工具旅行，不必購買車票，只需拿一張可記錄付款資料的智慧卡刷進站、出站，而且你能取得即時資訊，知道下個班次火車或公車的時間，或是有關最佳路線的建議。假如是開車，你能知道哪裡塞車和替代路線是哪一條。一旦和朋友碰頭，可以利用根據位置提供服務的應用程式，看看附近有沒有推薦的餐廳。如果獨自到訪某個地方，可以用手機查一查是否有朋友在附近，然後打個電話和他們聯絡。以旅遊來說，我們不用再透過旅行社代勞，只管舒適地躺在床上即可研究千百種選擇，同時比較各家業者的報價，隨手就能完成訂房。某些商品可能是當地店家買不到的，然而你可以輕輕鬆鬆上網去找，查到後下單，頂多幾天就能寄送到府。有些產品還提供客製化服務，你能挑選規格、樣式和顏色。數位時代前，這些行為有許多是無法想像的，而其餘的也有重重限制。史上未曾有過移動是這麼容易、快速、彈性、反應靈敏、有適應性，而且便宜。

連結：當我們能連上高速網路，社會生活即可能產生新的特色。與摯愛的人天各一方，兩人進行視訊通話時，往往還能維持影像色彩鮮明、聲音飽滿清晰，這是如今數百萬人普遍共有的生活特色。我們可利用網際網路追蹤到老朋友身在何處，透過社群媒體互相連結、保持聯絡，與他們分享甜美回憶，讓他們知道自己的現況或想法。如果我們是特定樂團或電影明星的粉絲，可關注他們的社群媒體帳號，乃至於直接和他們聊天；或者，我們能和政治人物展開辯論，要不是有社群媒體，我們根本很少有機會見到這些人。可利用網際網路調查家譜，發現失散多年的大表哥、六叔公或三姨婆，進一步聯繫後舉行一場認親大會。無論是親友或素昧平生的人，都能藉由電子郵件、簡訊、社群媒體和各種傳訊管道，發起可持續進行的對話。觀賞某個活動或電視節目時，可以在社群媒體上同時和分散於世界各地的千千萬萬人分享經驗，並且一起討論。我們能化身自己的主持人，在部落格、社群媒體（如Facebook、Instagram、Twitter）、YouTube 頻道和 Podcast 上分享自己的思想、意見和創意作品（音樂、影片、藝術）。有些人已經順利將這種廣播行為轉型成職業，憑藉內容和人氣（以追蹤或訂閱人數檢驗）賺取廣告收益，現今即有孩子們表態希望長大後能當「YouTuber」或「網紅」（social influencer）。我們可在零售網站或像 Goodreads（針對書籍）、IMDB（針對電影）這類專業評論網站，留下產品的使用心得，或是在部落格、電子討論板撰寫評論，參與對話和辯論。

從更為社會與政治的角度來看，可以應用各種手機和網際網路媒體發動公民抗爭及社會行動，阿拉伯之春（Arab Spring）正是最廣為人知的實例。起於社群媒體、亦透過社群媒體組織的造反行動，動員數百萬群眾，遍及北非和中東的好幾個國家。[50]本書寫作期間，亦有眾多香港公民正利用不同形式的加密社群媒體組織抗爭活動。[51]假如我們想要為理想尋找財力支援或創業，可善用眾籌工具募款。無論如何應用網際網路，數位型加速器都能以類比時代難以想見的方式讓我們與他人產生連結，而我們只需要付出裝置和資費方案（data plan）的成本。

完成：或許你已經搬家，可能正在策劃派對。或者你想要知道某一間店、最近的藥局或圖書館的地址和營業時間。不論出於什麼理由，你大概都和我們有類似的經驗：上網確認資訊、搜尋最好的選擇和條件、預訂服務、下單商品等。又或者你在尋找特定工具協助完成某項工作，例如圖片、影片或聲音的編輯軟體。可能是在查詢好玩的新遊戲，自己或和同伴一起玩。也許是機器或車輛故障，需要找到操作手冊或維修建議，幫你修好它。或者，你在尋訪某種特別蛋糕的食譜。網際網路和應運而生的各種數位型加速器，使事物的完成（理論上是這樣，雖然實務上有時並非如此）變得更快也更容易，工作上的相關任務亦然。管理和完成各項任務期間，電子郵件或 Slack 的訊息來來去去；撥打 Skype 電話求助解決問題；活用設在雲端的資料庫；快速提取資訊，處理和轉換為價值；發掘及使用專家軟體；工作人員利用手持裝置或手機拍照、錄音、輸入資訊、與同事通訊、在檔案上執行工作。包羅萬象，族繁不及備載。數位型加速器意味有許多完成任務的做法是以前連作夢都想不到的，直到最近才得以實現：它們更快、更有效率、更能遠距進行。

這一切行為和做法中應用網絡化運算，使我們因此陷入多個時間框架交織的處境。例如上午十點，你可能是在前往開會的路上，既用手機和世界另一端的同事交談，同時站在斑馬線前，等候網路控制的紅綠燈變換燈號。這時的你正在穿越全球時間、本地時間、時鐘時間、網路時間，以及社會和自然時間。同時經歷的是長途電話顯而易見的時空距離，還有通過交叉路口這個非常本地化的時空編排。過去數十年來，我們逐漸習慣這些類型的複雜「時托邦」（chronotopia）＊，它們是不同步調、節奏、韻律、時程、時間關係和形態的複雜組合。[52]雖然我們討論的各種事務有些很振奮人心，但整體而言，它們變成平凡無奇的例行公事，只不過是日常生活的一部分。然而，你會像我們一樣，認為它們是現代生活中最值得珍惜與感激的面向。

除了滿足個人，加速科技和隨之形成的時空壓縮對社會和經濟同樣有重大的正面影響，普及生活起居的每個層面：包括家庭和社群關係、經濟發展、勞動、政府、教育、交通、保健等。網絡化運算帶來更多及時回應、遠端存取、服務優化、更新更好的產品和體驗，還有效率和節約成本。此處我們不涉及各行各業，而是僅就其中一個領域集中說明加速科技所創造的效益。選擇該領域的原因是加速科技在這方面長遠改變愛爾蘭。

愛爾蘭位處歐洲邊緣，一九八七年時仍是相對貧窮的國家。ＧＤＰ（國內生產毛額）是歐盟平均值的三分之二，只有葡萄牙比他更低。[53]整個一九八〇年代是愛爾蘭紛亂的十年，失業率經常接近二〇％。愛爾蘭政府有幾樁變革，而移出人口的比例很高，特別是想在別處謀求更好生活的年輕人。到了二〇〇〇年代早期，愛爾蘭經濟突飛猛進，ＧＤＰ已躍居歐盟第二，不但幾乎零失業率，更有技術勞動力大舉移民入境。[54]是什麼因素造成愛爾蘭的財富發生這麼巨大的轉變？很大程度上，這整個國家融入當時方興未艾的「資訊高速公路」（information superhighway），[55]投資改進ＩＣＴ（資訊通訊技術）基礎設施且採用網絡化服務產業，加上在其他方面的經濟改革手段，例如稅率、規劃法規、特別開發區等，推動快速的經濟成長。一開始愛爾蘭政府的目標是吸引低技術服務和高技術工廠，取代不景氣的分廠經濟（branch-plant economy）†。[56]接下來即利用這個平臺招徠技術較高的服務型工作機會，以及世界級科技巨頭前來設立歐盟地區總部，把愛爾蘭打造成ＩＣＴ經濟活動的集中地。

＊譯注：字面意義是指「時間之地」。

†譯注：指依賴外國公司投資開設分廠生產的經濟型態

如今，有許多重要的資訊科技公司都在愛爾蘭各地聘僱大量勞力，包括Apple、Microsoft、IBM、Dell、Google、Facebook、LinkedIn、Softbank和華為，此外還有特定領域的資訊科技業加入，例如醫療保健和其他高度依賴ＩＣＴ的產業，像是銀行金融服務。最近，有愛爾蘭城市專注於躋身智慧城市之列，由地方政府贊助「駭客松」（hackathons）*且祭出挑戰型採購（procurement-by-challenge）†措施，設計目標是締造新創公司。同時還發起測試平臺都市主義，使城市空間可做為企業測試新產品的平臺，藉此吸引新投資。[57]相對於歐陸，愛爾蘭地處邊陲，有距離上的劣勢。透過融入全球資訊經濟的政策，善用ＩＣＴ的時空聚合和遠距化特性，終於克服這個障礙。換句話說，快速運算深遠改變了這個國家，為其創造財富且提升生活品質。[58]

在許多方面，加速為我們帶來強勁的優勢、巨大的利益和日常生活的新特色，很少有人願意拋棄這些，難怪那麼多企業和政府都非常積極主動，以種種意想不到的方式鼓勵投資、輔導創新，以及回應和利用每項新的發展。事實上，一般人都很喜歡數位型加速器所實現的新型態移動、連結和完成。我們固然呼籲慢運算和均衡的數位生活，但不是主張捨棄身邊的各種數位裝置。

加速的弊端

儘管數位型加速器具有這些令人喜愛的好處，但也有弊端，而我們必須為此付出代價。我們有許多方式進行闡述，但想從以下這點開始：數位型加速器特別要求我們回應技術的運作，而且往往是愈來愈快速。我們都感受到要求回應的壓力，即使是在通勤的路上，或是假日想在家放鬆一下都不行，這個現象能把人弄得精疲力竭。

數位型加速器讓我們能夠完成工作，而它們也要求行動。我們愈涉入各種系統或能迅速回應的流程，就愈期望對方（無論是人或機器）中途插入且回應我們。尤其是針對機器，我們等候回應的時間大幅縮減。例如以前若想更新駕照，必須填寫表格寄給政府部門，然後等待回覆。如今可以線上進行，幾乎馬上就能收到電子郵件通知。我們在線上訂機票、購買書籍、衣服或消費型電子產品，才剛同意購買就開始注意確認訂單的電子郵件。那些讓我們能

＊譯注：亦稱「程式設計馬拉松」，活動形式為聚集各類程式設計人員在短期間內密集開發新產品。

†譯注：由政府擔任買方，而企業所提出的是挑戰性質的方案，旨在鼓勵創新和開發，而非採購既有的穩定產品。

夠完成工作的系統，就是設計來確保能實現這類快速回應。就線上零售商而言，這種購買方式的不利之處在於可能有買方後悔（buyer's remorse）而重新考慮及取消訂單。因此，他們最好能趕快寄出訂單確認通知。

可是，一旦習慣這種機器回應時間，就會忍不住期望人類也有類似的回應方式。寫電子郵件給同事或傳出一則 WhatsApp 訊息給兄弟姊妹，等候回應時總是想要快一點。過去幾年來最聰明、也讓設計者有利可圖的發明之一，就是 WhatsApp 採用的雙勾記號。不只能顯示訊息有沒有成功發送，還能告訴你對方是否收到且已讀。當知道傳送者很清楚我們是否已看到訊息，便會感到必須回應的壓力，這種感受會擴張到每天使用的各種應用程式及通訊平臺，進而不斷累積，成為焦慮的主要來源。

目前凡是使用各種數位裝置的人幾乎都熟知這種感受：形形色色的平臺每天都會跳出無數提醒（電子郵件信箱、社群媒體動態、專業工作流程系統、手機簡訊、未接來電、線上繳費帳單等），這些喋喋不休的要求，構成我們的數位化仲介生活。我們每天使用數位科技，很快就會領悟其他人或機器只有兩種狀況：處於我們完成工作的過程中，或是在等候我們回覆，他們才能繼續完成各種任務。加速將我們捲入回應的迴路，使時間變得緊密而片斷。也就是說，密集、重疊的時間性要求和節奏迫使我們必須同時或快速地連續處理好幾件工作。

網絡化運算製造許多不斷延伸且日益複雜的工作待處理，也建立一套時間體系，讓我們不得不參與其中，永遠停不下來。網絡化運算亦增強工作：數位科技讓管理人員能夠更密切監視與管理工作流程，而勞工的壓力則是必須保持高速工作，才能提高生產力、滿足更急迫的截止期限，以及為了把握各種機會和避免浪費時間，快速調整工作時程。[59]對我們的時間與專注力的要求愈來愈多，讓人很少有機會能夠脫離、鬆懈。我們的壓力愈來愈大，實在一點都不奇怪。[60]加速科技沒有釋放出時間，反而是填滿時間，塑造出「時間稀有性」，讓我們隨時感到匆匆忙忙，每天的時間都不夠用。[61]二〇〇〇年代中期，有三五%的美國人覺得自己始終很匆忙，近一半則覺得從來沒有自己的時間，休閒時間縮水了，一天比一天忙亂不堪。[62]

我們唯恐會錯過什麼，可是擔心無助於改善匆忙的現象。我們和許多平臺連結，拜它們之賜，更能清清楚楚意識到正在錯失多少。誰都看得出來，這讓我們的匆忙感受雪上加霜。覺得自己能有很多作為，而且手上掌握工具，豈可袖手旁觀而無所事事？然而，得到的結果卻是力量過於分散，每件事都做得急急忙忙、馬馬虎虎。各種裝置往往像是卡爾．奧諾雷所說的「大規模分散注意力的武器」。[63]他指出，現在的我們不是存在單一時刻裡，而是同時過著兩、三個時間，附帶隨之而來的認知失調。過去那些相對空閒的時段，如通勤的路上、傍晚、週末或假日，都已經被工作和社群壓力占領，我們不得不參與其中，和人互動。如今每個人的移動之快速、連結之廣闊，以及完成的工作之多，都是史上第一。但既然與他人一起生活（無論是否在同一個屋簷下）、一起工作（即使是自營商），為廣大的加速過程奉獻一己的心力，就成為天經地義的責任和義務。

回應的壓力加重，正好呼應數位科技縮短回應時間的能力提升，其中一項重要的影響，是裝置與服務的設計者展開一種持續進行的新計算：假如愈來愈多人類與機器參與不斷來來回回的移動、連結和完成，那麼盡可能讓最多系統自動化，這樣的目標就更有意義。畢竟人力有其局限，可利用數位型加速器擴大回應迴路固然很好，能在任何可行的情況下將人類因素完全排除，那就更好了。你將會因此注意到人工作業的資訊處理程序慢慢減少，但限定上網操作和自動化程序的數量及範圍則愈來愈多且愈廣。現在，你必須在線上進行駕照更新、只有在網站上才能買到機票、能親自走進去挑選現貨的實體店面規模萎縮（就算你在實體店面消費，也是採取自助式結帳）。你致電各種企業和公家機關，是在和自動化選單系統打交道。一言以蔽之，我們對數位型加速器的依賴程度更深了，每天若不是上網好幾次，甚至無法好好度過柴米油鹽的一天。這一切始於效率大幅提升，當然帶來獲利暴增，如今卻成為建立均衡數位生活的一大障礙。

有些觀察家質疑追求及時行動與回應的意義，強調速度和立即反應意味在決策和反應中缺乏時間反省、沉思、從容理性地斟酌、深思熟慮地應對，或者感動和處理情緒。[64]羅勃．韓森說得好：「使用者在當下會感受到無形的壓迫，如此情境之下幾乎沒有自我控制可言：慢慢來就會錯失銷售、降低效率，或是痛失『珍貴的』連結。」[65]思考與行動的時間被壓縮，亦即像是企業員工、政府官員和城市管理人員這類行動者，若不願回到後天養成的慣例或既有的無意識認知偏誤，[66]就得依賴自動化系統。[67]你的家人、朋友在催促之下做出決定及採取行動，有可能來不及反省、思考。即時行動削減我們的選擇、反思和有意義的行動，而且替代選項及創造性干預因此受限。[68]換句話說，kairos（明智行動的正確時機）*被網絡時間和即刻回應的需求擊敗了。

許多觀察家擔心追求自動化處理系統和回應即時數據，會造成科技官僚及由上而下的治理模式。這種做法獨尊最佳化、效率和非黑即白的決策，以此構成狀況管理的重要基礎。[69]令人憂心之處在於：藉由演算法在永恆現在所建立的管理系統和基礎設施，會形成冷漠、去脈絡化、死記硬背、按表操課的做法，看不到反思、深思熟慮、公民辯論、學習軌跡，以及超越客製化參數和指標的在地條件框架。這種生活與工作方式忽略文化、政治、政策、治理

* 譯注：原文為希臘文，原意是機會。

和資本對於日常生活的廣泛影響。它過度強調現在，犧牲向過去學習和為未來規劃，[70]也抹除存續時間和長久趨勢的架構。[71]

以城市管理為例：有些評論家指出，智慧城市科技的目標是創造秩序、控制和時效性，實際上卻破壞「城市性」（cityness）的本質，就是雜亂無章、生生不息、重質不重量的經驗，以及匿名和機緣巧合的際遇。[72]一般而言，這種科技官僚形式的治理和民主政治悖道而行。科技官僚形式的管理是透過即時的運算，既排除社會大眾有意義地參與治理，也忽視人民在營造生活環境時的創造性、政治性及雜亂角色。[73]加速帶來個人的幸福，然而它帶來的憂慮卻更多。

當然，我們必須能看出以上這一切問題對每個人的影響不可一概而論。有些人受到加速和時間貧乏、時間壓力、時間支離破碎等問題的困擾比較深。雖然幾十年來每週的工作時數相對穩定，僅有微幅增加，如今卻已出現明顯的兩極化模式，有的人工作時數更長，有的人則是成為兼職。[74]此外，有的人能自主決定工作時數，有的人毫無增減的餘地或彈性。有人是每週一到五朝九晚五，有人是輪班制和在非傳統時段上班。社會地位較低的族群在工作時數上往往自主性低，比較可能有時數不規則現象。某些類型的工作受到數位化仲介的程度較深，他們的員工之中使用運算裝置的，反而感受到不成比例的影響。還有的人是找不到工作或沒有足夠的工作，就是失業或半失業。

不論男性或女性均難以倖免於加速的影響，但有強烈的證據顯示兩性所受的影響不相同。茱蒂．沃克曼詳細指出，雖然家務和照顧方面的工作增加，而女性更有可能應付好職場的要求。[75]因此，相較於男性或純粹家管的媽媽們，職業婦女的工作結合更多有薪和無薪的勞務，對單親和雙薪家庭的媽媽來說，影響特別大。單親媽媽很少有自己的時間，即使有空閒，很可能全部用來陪伴子女或被子女干擾。雙薪家庭的關鍵問題是管理和協調時程表，當伴侶雙方的工作時間不同，更是如此。而且，他們的時程表會因為子女的時間表不同而變動，以至於一直都有匆匆忙忙的感受。這種情況下，時間稀有性和缺乏同步性的關係更甚於沒有時間。雖然有數位通訊設備能幫上忙，卻也造成更多打擾和不斷調整的時間安排。工作文化上的隨時待命、隨傳隨到要求亦對女性製造更多矛盾，在升遷方面將她們置於劣勢地位。男性和女性都會有工作影響家庭（居家處理公事）的經驗，但女性比較可能碰到家庭影響工作（上班時處理家務事）的狀況。與此同時，成年人或許會因為使用連網裝置而經常感到忙碌不已，然而小孩子們卻經常是利用這類裝置的娛樂（看電視、電影、玩遊戲）與通訊（傳訊息、上社群媒體）功能打發時間。

不僅如此，縱然大家都身陷數位世界之中，並非每個人取用連網裝置的層級都是平等或公平的。而且，每個人對於如何連結的選擇也不盡相同。例如不是任何人都負擔得起iPhone、高價資費方案或智慧家電；目前雖有幾十億人擁有智慧型手機，同時卻有五十億人不是這樣；六十五歲以上使用網際網路的人口明顯低於年輕族群；有的員工或工作不需要一直被數位裝置綁著；遍存和普及這兩種運算在已開發國家比開發中國家更普遍；不是每個人都具備足夠的數位素養和技能，可流暢地操作各種數位科技。換句話說，在各種人口之間存在社會、地理和科技素養的鴻溝。

與加速周旋

哈特慕特．羅薩是對於加速這個主題最令人感興趣的評論家之一，他是社會學家及政治科學家，著有《社會加速》（*Social Acceleration*，二〇一五年）。[76]羅薩在書中提出的論點相對來說直截了當，他的重點首先在於「科技加速」，亦即本章所談到的種種科技突破。接著指出，科技加速促成且推動「社會變遷加速」和「生活步調加速」。對羅薩而言，科技加速渴望成為所有人事物的核心：不到二百年的時間裡，人類以革命性的方式連結彼此。這個地點愈來愈靠近那個地點，他方及其問題，內戰也好、饑荒或豬流感也罷，幾乎都成為近在咫尺。我們在家或搭乘火車、公車時使用一百美元的手機，即可舒適地觀看遠方戰火或革命的實況轉播。激烈的新聞事件像是在彈指之間發生的，這一切讓人覺得地球似乎停止轉動＊。

這種感受是羅薩極為強調的一項因素，他將科技考量的經驗面向，例如運輸和通訊科技的發展，連結到廣泛的社會變遷加速和整體生活步調變快：政治的前進腳步快速；新的文化習慣朝生暮死；創新的傳播很迅速，馬上就有新的創新後浪推前浪。羅薩認為，現代人未能享受到獨立自主和控制的樂趣，加速反而造成「自主性失落的感受，這樣的感受顯現在喪失任何控制的可能性，以及不再有塑造個人生活的機會」。[77]同時，我們必須面對的「各種可能形式的決定，數量巨幅成長」，[78]使我們的壓力感受更加沉重不堪。其中特別是數位型加速器，讓我們得以完成工作，卻增加回應需求的數量。於是，許多人每天不得不猛滑螢幕、狂敲鍵盤，以及在眾多網站之間點擊開路。羅薩指出，喪失自主性的感受未必全然抹滅「任何控制的可能性」，也不盡然排除「塑造個人生活的機會」；但是，壓力之存在是如假包換的。自主性縮水，或者可以說是自主性受到的限制日益增加，是這個時代的特徵。

馬丁・賽里格曼（Martin Seligman）和研究同伴沒有聚焦於如此的數位生活，而是為我

＊譯注：因為地球轉動所產生的時空距離感不復存在。

們提供不同的角度。他們在《展望人》（*Homo Prospectus*）提出的觀點，[79]認為人類若能預測和評估未來的可能性，是身心狀態最健康的時候，比較不會被焦慮和憂鬱所苦。在他們看來，人類本質上是展望人，隨時都向前看，熱衷於制定計畫、描繪選項。因此，他們說道：「我們具備『前瞻性想像模擬的強大能力，能在心理上將自己投射到未來的想像情境中。』」[80]我們應用大腦新皮質尋找和他人交涉的方法，以及「務實地」預料「偶發事件」將會怎樣發生，藉此想像如何在這個世界生存。[81]就在此處，加速因素進入這個觀點的框架，尤其是因為它能讓我們以新穎且快速的方式完成工作。這意味我們投入心力，不但想獲得適切的回應，且迫不及待要收到。如果說我們都是展望人，或許我們之所以會被數位生活吸引，正是因為它和大腦裡的前瞻性成分連結在一起。

可是，以羅薩的主張而論，加速使我們喪失自主性，就是破壞前瞻的可能性。舉一個近在眼前的明顯實例：你很有可能已經使用數位科技，或許是像WhatsApp這類服務，靠它和其他人一起規劃活動或家族聚會。你貼出訊息、建議選項、傳網站的連結、分享地圖、討論開放時間和入場費等，WhatsApp（或是你所使用的任何數位服務）最能勝任這類行動。「叮、叮、叮」幾聲響，任務完成、計畫已有模有樣。然而，就算你所做的這些事正好是展望人大腦樂於做的，這類數位服務同時也會在你等候回應時製造焦躁不安。因為，你知道妹妹隨時都能回覆，但在不確定之前無法做決定，讓你很不自在。於是你陷入猶豫，或許你的權限足以逕行作主且開始行動，可是數位科技鼓勵的是資訊分享、參與和包容。你等待著，猶豫再三。新資訊可能會突然冒出來：那是另一套計畫、不同場地和新的時間。

目前的企業似乎是這樣運作，最佳實例或許非蘋果公司莫屬：他們總是不樂意動用現金，尤其是近幾年來所累積的金山銀海。它的高階主管能夠想像如何投資，也許是自動駕駛汽車、人工智慧，可是他們一向都很遲疑，至今依然如此。其中的一項因素是數位科技降低進入的門檻，例如 WhatsApp 非比尋常的成功足以說明一個事實：一小群熟練的軟體開發人員和工程師，能在極短的時間內結合他們的努力，創造出新的熱門功能或服務（在編碼程式行列形式的知識產權支持之下），吸引大量使用者且改變現有市場。過去幾年，還有其他眾多應用程式與平臺循著類似的方式崛起：如 Airbnb、Uber 和 Instagram 是其中最成功的個案。

檢視加速所造成的這些後果，我們可以得到一個結論：數位生活創造「猶豫的現在」（hesitant present），無論是個人或大公司，製造出的裝置和服務有無數使用者，但對於未來同樣感到猶豫。加速使展望人變得焦慮、緊張，影響我們行動的方式，我們的行動依據是短期、立即的回應，而不是長期計畫。它使經濟的計算複雜化，也可能降低資本主義經濟的成長。加速創造弔詭的情境：人人都試圖弄清楚如何行動，卻同時被迫採取行動、反應靈敏。喪失自主性的感受與猶豫的現在結合，成為加速的一大特色且引入你我、企業、政府等數位主體必須設法解決的動力學。

因為加速和數位科技之間的關係而造成的矛盾不僅如此，例如沃克曼指出，數位科技的目的本來應該是節省時間、讓人自由，卻製造時間稀有性和壓力。[82]為了解決時間壓力，我們才求助於數位科技，但反過來開始指責它們加重壓力。數位科技開創新自由及個人自主性，可是打造數位鎖鏈和意義不大的參與，且把我們綁進要求回應的系統。新的交通和傳輸模式可加快旅行與通訊時間，卻帶來更為久坐不動的生活風格（坐在車子裡或螢幕前、在堵塞的車陣中爬行，或者在無窮盡的延遲裡苦候）。我們聲稱被連網裝置搞得匆匆忙忙，然而每天都有很大一部分時間是靠它們帶給你消遣（玩遊戲、看電視、泡社群媒體）。我們在無聊、寂寞或想打發時間時，就會想到它們。儘管有幾十種新型的家庭科技是針對提高居家生活效能而設計的，我們花在家務工作的時間沒有減少，許多情況下甚至增加（主要是因為我們更頻繁使用它們，或是將節省下來的時間投入其他家務工作）。數位科技使我們更容易和別人連結及安排見面，可是因為它們而變得可能的工作調配方式（隨時待命、隨傳隨到、工作時間浮動、全年無休的行程表）卻讓協調會議更為困難。我們用來管理生活的裝置和應用程式愈多，愈感到生活得匆匆忙忙。沃克曼認為，這些矛盾反映出數位科技與時間的關係不是簡單明瞭的單一加速。不僅是複雜的加速，有時更是以對立的方式運作。

這些矛盾的一項重要因素，是某個特殊社會本質的展現，而我們是在這樣的社會裡與人互動及交涉。具體來說，是重視「責任化」（responsibilization）觀念，新自由主義（一種政治經濟哲學，是世界上許多主權國家運作方式的核心）學者利用這個觀念來說明我們現今的生活方式。在現代社會，無論是醫療保健或教育，每個人都被迫必須以照顧好自己為首要之務，政府不應該再提供太多支持：私人企業使公共投資受限，而企業的目標是經由市場供應商品和服務。假如你負擔得起醫療保健或教育，就應該為了自己而在這些方面投資，勝過排隊等候看病或想靠為數不多的獎學金念書。你的人生是自己的責任，如果你變得有錢，恭喜你，而人們的口頭禪是：「人窮只能怪自己。」責任化能在我們身上發揮作用，鼓勵甚至於強迫我們為爭取足夠的物質回報而行動。

這時加速以極為可怕的方式映入眼簾，我們樂於完成任務、等候回應，以及速戰速決。我們大步向前、買機票、訂購商品、填寫表單、連署、接收通知，持之以恆且不斷延伸地參與數位生活。但我們也遭遇自主性喪失、知道自己存在於猶豫的現在，更知道最終要為命運負責的人就是自己。購買最新型裝置或為最喜愛的應用程式下載更新，讓人充滿希望，以為可以完成更多工作、感覺更好、移動更快速，終極目標是滿足責任化對我們的要求。然而，我們所付出的代價或許相當嚴峻：焦慮、壓力、猶豫、懷疑、不斷渴求資訊，乃至於計畫永遠趕不上變化，變動不居的環境迅速棄我們而去。正因為嚴酷的責任化、也因為如今的社會風氣是以個人的成敗論英雄（成功也好、失敗也罷，不應怨天尤人或指望有人伸出援手），萬一你錯失什麼、落後了，或者未能發揮加速帶給你的好處，後果非常嚴重。

眾多影響匯聚

但願我們在本章所勾勒的加速面貌是你熟悉的，就像本章一開始描述的情節，希望你能看得出來加速對人們造成的壓力。只顧滑手機而坐過站，如今已沒什麼大不了，只要沒有太晚發現，而且能改搭另一班車回到要去的車站就行了。希望你不會耽誤重要會議，也希望這不是你的家常便飯：你沒有被警告過，對吧？或許開頭的那些具體情節對你不適用，但箇中壓力確實似曾相識。你可能覺得無法逃脫數位羅網，使用的數位裝置與服務讓你總是感到匆匆忙忙、壓力大、焦慮、多疑，以及／或者猶豫不決。

我們認為，重要的是承認數位型加速器已經占據生活的核心地位，即使形式各不相同。而且，如今我們正面臨匯聚在一起的各種影響：當然有某些影響是正面的，但負面影響可能相當嚴重。因此，所有人的任務是設法摸索出取得平衡的方法：就是既能享受快速運算的好處，必要時也能減速。除非開始思考慢運算能為我們帶來什麼，否則我們無法得到正確的平衡。

接下來各章將從個人與集體的角度，深入探討何謂慢運算。我們鼓勵你多想一想：如果慢運算能變成你的數位生活核心，生活會是什麼模樣？然而，在此之前必須先討論現代數位生活的另一系列相關議題。假如加速是我們應該思考的一大元素，另一項重要元素是提取。現在就讓我們轉向提取，探究它的內涵，以及為何這麼重要。

CHAPTER 3

監控生活

星期三，上午十點半，你正要去喜歡光顧的 Lou's Café 買杯咖啡。刷員工卡、離開大樓、通過安全門、監控攝影機目送你離開，你望了它一眼。點擊手機，預約一輛共乘計程車。一分鐘後車到了，載著你前往市中心。在咖啡廳，你用現金卡付帳、用會員卡集點。等咖啡的空檔，你注意到靠近牛奶的地方有一面螢幕，上面有一則廣告正對著你閃動。螢幕顯示你的姓名，還有一行字：「讓肉芽成為過去式。在 Chem-Care 購買肉芽面霜享八折優待，請掃描 QR code 領取折價券。」你感到有點窘，希望廣告不要這麼單刀直入。你習慣性查看手機，一邊納悶咖啡怎麼還沒好，都等一分鐘了。你看見 Chem-Care 的另一則廣告：發一則 Lou's Café 的打卡，可享肉芽面霜買一送一優惠。

當今的數位世界，你的公共角色與私人事務之間的界線日漸模糊。上述情境稍嫌誇張，像 Chem-Care 這家虛構的公司，可能不會在公開場合直接針對你拋出個人廣告。但將某個

通路的購買訊息結合你目前所在的地點，則是正在發生的事。你以為的私事，例如有幾粒肉芽，它們很討厭，也讓你很困擾，可是你寧可不要公告周知。如今這些私事都是商業機會，演算法能找出它們，以此當作基礎，激發你未來的特定購買傾向。來自四面八方的大企業已投入龐大資金，設法大肆利用這類機會從中牟利。無論這些資訊來自你在網路上的搜尋動作，或是經常光顧消費的場所，現在的你只不過是數十億被鎖定的對象之一。

數位生活要求且製造數據身影和足跡，它們是由我們幾兆、幾億次個別回應所組成的。這些回應來自我們使用的各種裝置、裝置內部的服務，還有周遭整個世界所跳出來的提示和邀請。約翰・錢尼—李波特（John Cheney-Lippold）稱這些回應是「數據儲備」（reserves of data）。[1]這些數據是這樣製造的：上班及執行種種數位仲介任務時的登入行為；通過監控攝影機鏡頭前，臉部會被掃描及進行辨識；召喚計程車及完成交易；進入咖啡廳時，手機即「連線」Wi-Fi而我們不知情；刷信用卡或會員卡；數位裝置上點擊操作；通勤上班時瀏覽網際網路；步行通過行人追蹤感應器時被掃描手機的MAC位址，或者是行經道路交通攝影機被掃描車牌；早晨時命令Spotify播放音樂；在Netflix一律選擇播放本片而不理其他節目，但連一集都沒看完；和Alexa、Siri或智慧型電視機交談；購物、線上連署、為一篇Facebook貼文按讚或發一則推特。在線上也好，不在線上也罷，我們全天候都在製造數據。約翰・錢尼－李波特說得好，我們就是數據。[2]

然而，以上這些重要嗎？現今的 Chem-Care 這類公司可能不知道你是何方神聖，除非你已經在他們的公司註冊個人資料。而且他們不太可能有時間或資源，可深入到知曉你的姓名或個人健康履歷。但他們的未來——是否有能力變換產品、股價的高低——全看能不能更了解你，且設法在他們公司花錢。你在網路上的所作所為、去了哪裡、用什麼方式在城市裡移動：其中存在著可行銷的知識，有待 Chem-Care 或 Lou's Café 善加利用。至於其他公司，就是那些協助 Chem-Care 等公司鎖定潛在顧客的企業，他們確實在乎你的個人身分，不斷從種種來源匯集數據，試圖建立你的個人特徵分析。以 Acxiom 為例：它是一家數據仲介商，最近剛得到美國四大廣告集團之一的 Interpublic Group 投注二十三億美元資金。二〇一八年，它的手上擁有和全世界二十二億人有關的數據。[3]二〇一二年，它掌握每個人約一千五百個數據點（data point，該公司擁有九六％美國人的詳細資料檔案）。[4]Acxiom 宣稱，透過整編個人的線上、線下及行動數據，能提供個別消費者的「三百六十度全景」。[5]

這些資料庫讓數據仲介有能力辨識且評估現有和潛在消費者目前及未來的價值與風險，可對他們進行「社會分類」（即對他們做出判斷和決定）或「勸誘」他們採取某些行動（例如購買特定產品）。我們可能永遠沒聽過 Acxiom 或其他數據仲介商的名字，它們照樣能影響我們某方面的生活——決定我們是否會收到鎖定目標的廣告、特別優惠、貸款、工作機會或租約。

不是只有私人企業才會製造及使用數據、數據服務和數據導向的決策。政府部門和社會機構也會製造大量的公共行政與運作數據，藉此管理在各自管轄範圍內的大眾和活動。它們使用商業過程產生的數據且與私人公司合作，從數據集中提取洞見和價值，包括利用數據決定享用服務的資格和干預行動。例如，憑藉公共行政和其他數據來確定獲得福利的機會，以及揪出索賠詐騙者。[6]數據會用在監控與安全方面，而其應用方式往往超出人們預期：愛德華・史諾登爆料美國國安局和相關情報機構從事暗中偵察，對象遍及身在本國與外國的同胞及外籍人士，曾引起社會反彈，說明我們對數據提取的範圍根本所知不多。

這一切讓人對於隱私和我們是否有權利知道數據應該如何應用，引發根本質疑。我們的加速數位生活都在監控之下，產生的數據被用來對我們進行特徵分析，且決定與我們相關的事務。你能不能、應不應該對此有所作為？或者，如果我們就是數據，現在的我們是不是很無能為力，只能做為可供各種運算的元素，被用來生產個人檔案、特徵和連結的數據集？在數位世界是否談得上隱私與資料保護？本章的焦點是日常生活中所有層面的數據儲備如何累積，以及從這些數據所挖掘出來的價值。我們會說明數據提取的過程和相關的下游服務、突顯你和我們一樣默許的特徵，還有令資訊監管官員與我們同感憂心的暗黑發展。

數據提取是現今數位生活的部分基礎，少量跡象顯示，除了持續擴張的擷取數據流程，還有其他力量能塑造我們的未來。無論採取什麼態度——從欣然接受到激烈反對這兩個極端——我們都需要應付數位生活的這個核心面向。對於數據提取，如同對於加速過程，我們都贊成努力取得平衡：我們支持創造能提供運算之樂的數位未來，但要避免成為系統裡純粹只是受人愚弄的角色。為取得平衡的數位生活，首先是更清楚認識數據提取、數據仲介和服務已發展到什麼地步。

數據足跡、數據身影

數位型加速器——數位裝置、軟體、應用程式——使我們得以移動、連結和完成工作，然後輪到它們要求回應。為了回應各種提示或邀請，或者和他人開始通訊而需要對方回應，許多人幾乎整天不停打字、點滑鼠、滑動及觸擊螢幕。這些你來我往的現象發生在不同領域，可能和工作有關，也可能是家庭生活方面。人們往往在不同平臺之間切換，從智慧型手機轉到桌上型電腦，再到作業系統迥異的平板電腦，此外還有其他數位裝置如智慧型電視。

你可能是在 Facebook、Instagram、Expedia 或 Airbnb 等網站發文或回應，或是使用其他專用的軟體介面。

無論這些回應行為發生於何處，數位裝置和服務的供應商均有機會記錄我們的行動。我們點擊哪裡、來自何方、接下來去往何處，諸如此類數據都會被儲存起來。會被採集的數據還有：在某個網站停留多久或使用某個應用程式多長時間；多快捲動到網頁底部；多長時間以後會返回同一網站；我們是否讀完新聞網站的某篇報導全文或點擊某個連結前往別處。也有數據是關於我們的互動：我們是否按讚某篇貼文、轉推、分享連結或留言？精確比對我們現在的互動與以往的行為有何不同？手機會透露我們曾經去過哪些地方、在哪裡待了多久，以及兩支電話是否經常保持親近、我們和誰一起行動。智慧型手機可說是數據寶庫。應用程式不僅會採集與本身的使用情形相關的資訊，也會徵求你許可，讓它們取得儲存在裝置內部的各類數據，包括電子郵件、來電去電、訊息發送日誌；其他應用程式的活動；數據使用；裝置和電池資訊；地點；以及電話通訊與詳細的無線數據。它們也會請求同意使用其他裝置的功能，像是攝影機、電話和已儲存的媒體，以及個人的或敏感數據，如地址和密碼。[7] 應用程式所提取的數據，有些是攸關它們的運作，但有些則純粹只是滿足開發商的興趣。重要的是：並非只有個人會成為如此緊迫盯人的目標，連物件、交易、機構和場所也難以倖免。[8]

數位儲備的源頭不只是我們的數位行動，即使我們以為已經「離線」，依舊置身於各種系統與處理流程之下，它們虎視眈眈想採集我們的生活數據。我們利用大眾運輸或自行開車通勤時，被採集的數據有：從哪裡出發或停止、何時進出某個市區；逛超市的方式可能會被記錄；抗議遊行中，你的臉可能會被掃描存檔；走進大型購物中心，你可能會被算進累積人次或追蹤；致電保險公司或銀行，你的說話音調會被監視，而你最近剛買的方案會被立即分析，判斷你是否說實話。線上與線下的區隔已經模糊，我們周遭提取數據的管道之多，超乎想像。因為涉及數據提取，這種由企業和政府管理的「線下」行動說明我們應該如何認識現今的數位生活，而不是將它視為單純的數據交換。

簡單來說，我們在線上的任何行動、透過應用程式或網站與別人或機器在任何時間的互動，我們的回應都會以數據的形式儲存下來，如今連離線後的行為往往也一體適用。我們看了哪些電視節目、家用暖氣恆溫器的設定、在城市內移動的路線與模式，或者基本生物特徵及活動，如我們的脈搏次數和走路步數，這些以往不被放在眼裡的工作，如今都被「智慧科技」規律地追蹤且記錄。這些數據有一部分構成數位「足跡」（footprints），其他的數據則是數位「身影」（shadows）留下的結果：那些資訊是別人在我們未必知情的狀態下所製造的，例如以感測器追蹤我們的手機在路上的移動。[9]

日常生活中想要避免留下一些生活起居的數位痕跡，愈來愈不容易。即使你在實體店面購物時不刷卡，人在現場就會被監視攝影機錄影；即使你匿名使用社群媒體，你的數位裝置詳細資料會被儲存。我們每個人在清醒期間都會規律地留下數位足跡與身影，雖然很少能控制它們的形式、範圍或如何被使用。這些數據可輕易分享、與其他數據合併，而且能無限期儲存在本地的裝置或雲端。[10]例如 Google 和 Facebook 會無限期儲存你提供給他們的每一筆數據，哪怕你已經從應用程式及資料夾刪除都無濟於事。[11]以 Google 來說，它已經記錄你在所有數位裝置做過的每一次搜尋。假如你使用的是 Android 系統手機，用到的應用程式與外掛有哪些、使用的頻率、在何處使用和用來與誰互動，都一清二楚。如果你使用 Chrome 瀏覽器，他們知道你所有書籤的歷史；使用 Google Drive，知道你的所有檔案；Gmail，知道你的所有電子郵件；YouTube，知道你觀看哪些影片；Play Store，知道你買了什麼；Calendar，知道你的每日行程。只要是他們的產品，他們知道的應有盡有。[12]而 Facebook，它會完整記錄每一次登入的時間、日期、地點和使用的數位裝置；每一則貼文、留言、點讚、分享和通訊；每個朋友和互動；你曾經連結到 Facebook 帳號的所有應用程式；你如何在設有「點讚按鈕」的網站之間來來去去；你的裝置及其他用過的應用程式相關資訊；以及非常多的其他數據。[13]

學術界將這個過程稱為「數據化」（datafication）：[14]意思是把日常生活當成連續的數據流而日益增加採集。數據化造成「監控資本主義」，[15]我們可藉此了解新興和成熟企業在做什麼。數據化有賴於詳盡且細分的縱向數據集，將它們與其他數據集結合後，再透過數據分析學解析。數據化的範圍讓人驚訝，例如，雖然荷蘭資料保護局（Dutch Data Protection Authority）在二〇一一年便指出，一名普通的荷蘭公民會被採集到二百五十至五百個數據集，而社交上比較活躍的人最多可被納入一千個數據集。[16]想到現今的各種科技和系統有那麼多管道能掌握我們的特徵、行為和思想，還是會感到震驚。

稍微延伸來看：思考位置與移動的數據化會很有啟發。直到不久前，追蹤個人的移動還是很緩慢、耗費人力、不完整且艱難的過程。[17]想要準確追蹤你的位置，只能靠派人跟蹤，加上詢問和你互動過的人。因此，你的移動大致上無法記錄在案，搭飛機這種特殊旅行方式除外。就算你被跟蹤，相關紀錄不完整且數量龐大，難以交叉比對、彙整及分析，另加昂貴的保管費用。許多智慧科技已經改變地理位置追蹤過程的樣貌，達到普遍、連續、自動化監視位置的地步，而且成本相對低廉。這些數據的處理和儲存相當簡單，要建立旅行特徵和歷史也很容易。

例如，有許多城市布滿可遠端遙控的數位ＣＣＴＶ（閉路電視）攝影機，可縮放、移動及追蹤路人，有的設備還搭載臉部辨識軟體。[18]我們根據流量、紅綠燈、堵塞情形及收費攝影機檢視大部分公路網和車輛移動，許多攝影機附有自動車牌號碼辨識（automatic number plate recognition，ANPR）軟體。[19]智慧型手機會經由連結的基地臺、傳送GPS座標，或者 Wi-Fi 熱點連線等方式，向電子通訊供應商通報位置。很多城市業已將感測器網絡納入垃圾桶和路燈等基礎設施，用來捕捉與追蹤手機識別碼如MAC位址。[20]大型購物中心和商店也採用相同科技來追蹤顧客，有時還會與CCTV結合，藉此掌握基本的人口資訊如年齡和性別。[21]公用 Wi-Fi 能識別連上線的數位裝置，掌握它們在 Wi-Fi 站點之間的移動情形。[22]許多大樓使用智慧卡片監控人員在空間內的移動，也被用在搭乘與支付大眾運輸。新型車輛通常會配備GPS，使車載電腦能夠追蹤位置、移動和速度。這些數位裝置有的是被動型，將數據儲存在本地，未來可下載分析。有的則是主動型，能經由行動或衛星網路與其他裝置或數據中心進行即時通訊。如今有很多車輛都安裝具有獨一無二識別碼的轉發器，這是用於自動駕駛與支付過路費和停車費，我們的位置與移動已經徹底數據化。

利用數據儲備為基礎的行動，進一步證明數據採集確有其事。採集是一回事，但如何利用數據儲備又是另一回事。一般而言，提取數據的企業是在實踐一系列策略，藉此發掘創造巨大利潤的機會。短期來看，有關滑動螢幕或按讚的數據經過蒐集、包裝後，可用來銷售目標明確的廣告。在這方面，Facebook 和 Google 是世界級翹楚。他們擁有非常豐富的數據儲備，因為在他們的「生態系統」裡有這麼多活躍的使用者：他們的使用者喜歡什麼、搜尋什麼，甚至還可能包括相信什麼，他們已經知之甚詳。廣告商渴求在這些使用者的視野裡放上產品連結，因此付出可觀的費用。這些收入拉高 Facebook 和 Google 的利潤，其市值隨之水漲船高，且有能力併購那些能夠成功吸引使用者和數據的公司。Facebook 先後收購 WhatsApp 和 Instagram，正好足以說明這個過程是如何運作的。追隨在這些科技巨頭身後的還有各類型的企業，他們採行相同策略：為了銷售廣告而將內容產品與數據提取綁在一起。以如今的全球化經濟來看，GDP規模是七十五兆美元，其中數位廣告的市場約占五千億美元。假使廣告市場每年成長五%，到了二〇二五年的規模約是七千七百五十億美元——就算只能分食到這個市場的芝麻綠豆，對任何公司來說都是可望成功的事業。[23]

然而，利用數據銷售廣告只是短期策略。長期方面，就涉及更具企圖心地應用數據儲備。機器學習和人工智慧這類發展都是尖端科技，獲得數據儲備是非常重要的因素：若是有巨量的數據集可用，機器學習即可有最佳的運作成效。難怪 Google 的母公司 Alphabet 在這方面一向很積極：它的機器學習不僅可利用數以兆計的獨門搜尋紀錄儲備，還有其他領域的行動數據，那是它為數眾多的服務項目所採集到的。所謂建立智慧財產是指保障今後若干年的報酬，與策略研究及開發有關，而不是相對單純的賣廣告行為。科技公司手頭上的任務是打造今日可用的裝置及服務，但著眼於開發明日的我們會使用的科技。數據提取是個了解客戶的空前大好機會，不論你的客戶是個人、機構或政府部門。而且，數據提取也能辨識哪一種裝置或服務的建構方式，能在以後賺進大把鈔票。專利制度可保障智慧財產，數據儲備則是幫你分辨應該開發哪些專利。

我們的數據足跡和身影是支離破碎且四處分散的，可區分為幾十種組織和服務。但是，目前有一個產業方興未艾。他們正嘗試整合這些數據，形成個人與地點的特徵分析。數據仲介能針對各種議題檢視我們的歷史，例如關鍵人口統計（年齡、性別、種族、宗教等）、家戶組成（誰和誰同住）、信用和收入（財務史）、就業（受僱於誰和工作內容）、健康（大小疾病）、教育（學歷）、住宅（所有權、租賃狀態）、前科（觸法情況）、消費（購買紀錄）、旅遊（造訪何處、旅遊方式）、社交網絡（認識誰）、興趣（嗜好、運動項目）、政治價值，以及日常生活的其他層面。這些數據是從很多來源蒐集而成的，包括企業持有的數據集（如來自銀行、保險業者、超市、信用卡發卡單位）、社群媒體網站如 Facebook、智慧型手機應用程式，以及官方的數據集。例如 Alliance Data Systems、eBureau、ChoicePoint、Corelogic、Equifax、Experian、ID Analytics、Infogroup、Innovis、

Intelius、Recorded Future、Seisint、TransUnion 和其他眾多數據仲介，是當今「監控資本主義」的骨幹。[24]每一家數據仲介公司都傾向於專精某個特定領域的數據類型、數據產品和服務，像是執行搜尋與背景調查、微目標廣告、識別高價值消費者、預測模擬個人行為，以及評鑑信用價值。[25]他們將數據和數據服務賣給各種客戶，包括公共領域團體、銀行和金融服務、保險公司、媒體集團、零售連鎖業、醫療保健供應商、電信產業等。我們的數據就這樣被用來進行特徵分析、評估、分類，還有勸誘我們採取某些行動。

以數據交易服務

正如我們在前言所論，數據提取行動進行得如火如荼，是個令人憂心的議題，而且我們衷心認為如此。但在思考數據足跡與身影時，不得不指出數據提取也有值得喜愛之處。表面上看，特徵分析似乎是消費者與商家雙贏的局面：使用者得到個人化的對待和推薦（例如廣告是鎖定目標而非亂槍打鳥），商家則獲得收入和穩定的客戶基礎。而且，許多情況下，訂戶習慣「免費」的服務。照這樣說來，這是簡單的交換行為，確實能讓人覺得是筆好交易。如果你沒有閒錢支付幾十種數位服務，更會這麼想。

另外值得記住的是：這些都是有用的服務。現在我們有了強大的工具可用來連結、移動和完成工作，數位服務改善我們的日常生活。有一點很重要，許多數位服務——免費提供，因為它們的資金來自將採集到的數據變現——更好、更精緻、更有用也更有趣，正是因為完全免費。免費使用可招徠使用者，他們會產生回應、成為目標受眾和數據供應者，進而為開發商帶來收入且募得資金。有人會僱用這些開發商去協助改進業務，開發商之所以能勝任，原因在於他們手上有大量使用者，還有豐富的證據可顯示使用者想要什麼。每種數位服務，例如 Gmail 總會有我們不喜歡的功能（那些功能會繼續保留，只是為了讓 Google 了解我們），然而使用該服務的人為數眾多，是由於大家覺得它勝過別的競爭者，如 Microsoft 的 Outlook 或 Yahoo 的免費信箱。Twitter、Facebook、Instagram 和其他平臺的使用者人山人海，意味著大家都願意產生數據使幕後的一切行為進行得更加順暢，只要我們能夠參與正在前臺發生的大小事。

即便不是免費使用的服務，數據提取也能獲得與使用者相關的知識，然後應用這些知識去鞏固其商業模式。以 Netflix 為例，數據提取能讓公司方面知道如何滿足使用者，或者至少能知道該提供什麼內容才可以留住訂戶。Netflix 的核心模式是吸引且維持訂戶，因此它的數據提取系統是利用演算法了解每一個人，提供我們會感興趣的適當內容：正當你打算棄它而去，Netflix 的演算法會設法確保你能發現且愛上新的影集或電影。從它的訂戶基礎成長的情況來看——二〇一九年，共有一億五千一百萬戶家庭訂閱，[26]這個數字讓人印象深刻，但只是小兒科（原因在於全世界能連上網際網路的家庭至少還有幾十億不是它的訂戶）——在滿足客戶群的工作上（當然無法滿足所有客戶，但有足夠的人滿意了），數據提取發揮一份力量。

數據提取也支持其他旗艦級數位企業的成長和擴張，Amazon 是其中代表。Amazon 目前是世界第二大零售商，僅次於 Walmart。[27]它是善用數據提取的領導者，利用消費者和購買歷史的數據，推動目標推薦商品，進而轉換成銷售業績。Amazon 壯大成企業巨頭，對於它使用數據分析的能力有直接的貢獻。我們不過是瀏覽及購買 Amazon 網站的商品，就能提供數據讓它從中獲得洞察。

除了以數據交換數位公司提供的服務，我們也會把數據交給非數位原住民的傳統公司，[28]例如水電、交通運輸公司。然後，我們希望接受的服務能反應更靈敏、能客製化且便宜。以住家的智慧型電錶為例，不但能讓電力公司在規劃及操作能源供應時更有效率、效能及可長可久，而且能讓消費者得到更多資訊，可監控家中的用電情形，配合低費率時段安排用電活動。在超市裡，會員卡鼓勵我們以購物數據交換目標折扣。還有其他服務供應商如連鎖飯店和航空公司，則是運用顧客關係管理（customer relationship management，CRM）系統，試圖和顧客建立個人化的關係，實際做法是以顧客的訂購與喜好數據提供會員回饋、特惠和升等。這一切系統使服務供應商在你來電、報到或使用他們的網站時給予員工和系統提示，讓所有互動顯得像是「我們懂你」。[29]於是，數據交易行為被詮釋成提升消費者體驗，而公司能夠藉此增加競爭優勢、更有彈性、凡事恰到好處，且可降低風險、成本和營運損失。[30]

至於公共服務方面，我們經常會用數據交換改善效率、最佳化、競爭力、保障和安全等。各種系統如政府網站和e政府、監視攝影機和保全系統、中央控制室、緊急應變中心、智慧型運輸系統，以及感測器網絡，其目標是利用數據以提供個人化服務、履行權利、減少詐騙和犯罪、解決醫療保健與安全問題、管理交通堵塞、應付社會和環保議題、指導公共投資，乃至協助政府財政更有經濟效益。雖然未必都盡如人意，但這一切系統都能改善生活品質與福祉，甚至有可能減稅。而且，假如能有公開的數據採集過程和結果，上述系統亦能增進透明度和責任歸屬、鼓勵社區發展方面的社會創業，或是催生新行銷機會（如創造公民應用程式）。為了這些利益而提供數據，看起來是一樁公平交易。

由此可見，我們的數位生活體驗一向與數據提取密不可分。接下來，數據提取讓企業與政府能端出各種功能，且向我們提出請求和提示。這些請求和提示有時令人毛骨悚然、感到憂心，有時卻顯得聰明且恰如其分。可以確定的是，演算法躲在幕後運作，利用關於我們的數據儲備大行其道。它所創造出來的種種數位生活特色，已經成功讓大多數人樂在其中。我們有能力、也應該指出更多由數據提取所造成的不良後果，這是我們即將在下文討論的。儘管如此，時至今日運算的愉悅和各式各樣的價值早就形成千絲萬縷的關係。這些不同形式的價值都是從數據抽取出來的，其中不乏經濟價值，也包括社會價值，目的是能改善社會。

數據提取的缺失

如前文所說，數據提取創造許多重疊的妥協。在數位時代，供應商從數據獲取價值的潛能，支持著數位裝置與服務激增。單就這一點而論，數據提取是商業模式的一部分，而且表現良好。然而，我們不可以只從這些角度判斷數位生活。面對大量數位儲備的建造過程，以及企業和政府使用、處理數據的方式，我們必須採取批判的態度。為了討論之便，我們指出數據提取的問題可分為四個方面，分別從一、隱私；二、差異、特徵分析和分類；三、治理和政治學；四、生產等四個角度進行討論。

隱私

隱私是個有爭議的用語，但它的內涵是關於向他人選擇性揭露我們自己，以及保護我們的個人和敏感資訊不被取得與公開。[31]在個人層次，隱私包括數個不同面向：

- 身分隱私（保護個人和機密數據）；
- 身體隱私（保護身體的完整）*；
- 領域隱私（保護個人空間、物品和財產）；
- 位置和移動隱私（保護空間行為不被追蹤）；
- 通訊隱私（保護交談和通信不被監視）；
- 交易隱私（保護詢問／查詢、購買和其他交換不被監視）。[32]

大多數國家都將隱私視為基本人權，載入國家和超國家法律中。侵犯隱私會對個人的身心造成許多影響，而且使人置身於各種危害活動之中，例如揭露、曝光、扭曲、排斥、據為

＊譯注：如服藥、侵入性醫療、儀器進入體內檢查，均有違反身體隱私之虞。

己有、盜用身分和黑函。[33]

以數據提取行為在數位時代發生的範圍而論，隱私正遭受到系統性攻擊。我們生活在密集的監視之下，天網恢恢前所未見。不僅如此，我們的社會比起以往更加開放、透明，那些曾經被當作隱私的資訊，如今被大方地到處分享。例如履歷表（經由 LinkedIn）、家庭照片和影片（經由 Flickr、Instagram 和 YouTube）、個人和家人的故事（經由 Facebook 和部落格），以及個人的思想（經由 Twitter、聊天室和線上留言）。以前我們可能只會和少數人（家人、親近的友人和雇主）、在有限的場合（家中、本地酒吧、人力資源部門）分享這些資訊，現在卻是向全世界大放送，任何人都可以一覽無遺。[34]當然，不是每個人對私人的數據都是一副自由開放的態度，但這種人也無法避免被別人標記而納入某個圈子。或許你沒有註冊 Instagram 帳號，你的照片和姓名依然被分享幾百次。即使你是有意分享資訊，未必會希望這些資訊被打包、出賣及研究，而別人這麼做的理由，和你分享資訊的原始目的完全無關。然而，這種事經常上演。

非常多應用程式都沒有附帶隱私政策可供使用者檢閱且接受，例如歐盟資料保護監督機關（European Data Protection Supervisor）在二〇一四年的報告指出，有三九%的最熱門應用程式缺少隱私政策。[35]同樣的，二〇一五年一項針對一百一十款應用程式的比對發現，三三%的 iOS 應用程式、二五%的 Android應用程式都沒有隱私政策；[36]當時 Apple App Store 上的應用程式有一百五十萬個，Google Play Store 則有一百六十萬個，所以缺少隱私政策的應用程式可說數量驚人。[37]正如我們所說，許多應用程式都有一項共同的令人擔憂之處：它們享有「過度特權」，就是尋求你的許可，讓它們能取得裝置上更多的數據和功能，遠超出它們的運作所需。[38]

而且，過去幾十年來，通知及同意——被視為隱私和資料保護的基石——這兩大原則已經被嚴重破壞。即使是在使用條款與條件中包含隱私政策的應用程式，它們的法律用語和曖昧術語、冗長和複雜，以及將來可單方面變更條款的聲明，再再使得這些隱私政策如同天書一般難懂。[39]對於沒有科技背景的使用者來說，數位裝置內部的隱私工具設定未必都合乎直覺。我們所用到的數位系統數量眾多、款式多樣，以下各項工作無一不是沉重的負擔：想要橫跨幾十個平臺和服務，保護我們的隱私；不清楚我們的數據現在和未來會如何被利用，權衡直接同意擺在眼前的使用條款和條件會有什麼代價與利益；以及評估我們的數據和其他數據集合併後的累積影響。[40]於是，如頂尖的隱私研究學者丹尼爾・索洛夫（Daniel Solove）所說的：「一、人們不會閱讀隱私政策；二、如果有人去讀，他們也看不懂；三、如果有人去讀且看得懂，他們通常缺乏足夠的背景知識，以至於無法做出有依據的選擇；四、如果有人去讀，不但看得懂，也能做出有依據的選擇，他們的選擇會被各種決策困難扭曲。」[41]如此一來，同意的決定往往表示你很不聰明地放棄權利，完全不知道這項決定的影響範圍及後果。[42]這個後果就是：隱私政策的作用往往偏向企業的免責聲明，而不是消費者隱私的保證。[43]

如果超出網站和應用程式的範圍，通知和同意即成為空洞的行動或根本不存在。其他相關活動如數據探採與重新利用，通常涵蓋在無所不包的免責聲明、有權單方面變更條款和條件而不另行通知等前提之下，有效剝奪了個人的選擇、控制和問責等權利。以智慧城市來說，有些科技連通知和同意的請求都省下，你除了乖乖接受監視，別無選擇的餘地。例如臉部辨識攝影機、車牌號碼自動辨識攝影機、智慧型手機MAC位址或Wi-Fi追蹤，以及連線到物聯網，這一切行動都沒有想過你是否同意，通常只是簡單通知你（當你登入被監視的區域或相關網站，或許會收到通知形式的資訊，但實體地點本身沒有這類通知）。再說，除非避開該區域，你沒有其他替代的選項，[44]這是很不合理、很不切實際的。你談不上選擇性揭露自己，只能一直保持在揭露狀態。[45]而且，假使你沒有意識到與自己有關的數據不斷被製造出來，就不可能找到主事者質問這些數據被用在哪裡。[46]不僅如此，想免於數據追蹤和交易難如登天。二〇一四年，記者茱莉亞·安格溫（Julia Angwin）指出，美國有二百二十二家數據仲介商從事民眾數據的整合與交易業務，只有九十二家允許退出選項（其中有六十五家要求提交進一步的數據，才能保證退出）。她還提到，在移動地點追蹤領域有五十八家業者，只有十家提供選擇退出。[47]

因此，隱私的觀念正在改變，這點毫無疑問，而社會與法律的期望同時受到挑戰。有些人認為隱私的觀念已經不合時宜，[48]它在實務上很難維護、會限制使用者經驗、是經濟障礙、絕大多數人看起來「不在意被採集數據」。還有，假如你沒有不可告人之事，數據被公開及分享，哪有什麼問題？[49]數據是交換的手段；在許多服務都免費的世界，想要方便、樂趣和量身訂做的服務，代價是隱私。俗話說得好：「如果服務是免費的，你就是產品。」大多數使用者都知道且了解這一點，並透過終端使用者授權合約（end user license agreements，EULAs）表達同意——註冊某項服務時，即是「同意」該合約。以這個觀點來看，數據被蒐集後如何處置，是由企業全權決定。如果他們有本事讓數據發揮作用、能賣廣告或利用我們滑動螢幕、點擊連結的數據，開發出新的智慧財產，就任由他們去吧！

有相對的論點指出，當代生活數位化是必然的：意味使用者只能不停製造數位足跡和身影，沒有其他選項。實際上，簽署EULA或放棄通知和同意外，我們別無選擇。表面上看似交換的關係，其實是出於脅迫。[50]隱私的擁護者認為交換中的不平衡必須矯正，確保人人都能恢復從前享受過的權利。隱私被視為應該受保護的權利，是見多識廣、深思熟慮的公民及言論自由的基礎，因此也是自由民主國家的核心要素。[51]失去隱私，個人與集體的自由和未來都有可能遭遇風險：安裝大量監視攝影機談不上是進步的社會。正是這種思路促成《一般資料保護規範》（General Data Protection Regulation，GDPR）能在歐盟實施（雖然只適用於歐盟國家）。

差異、特徵分析和分類

隱私問題後，是關於數據如何被使用的問題。我們不只從貨幣化的經濟觀點來看，也涉及數據如何與文化差異互動、有些情況下如何使文化差異變複雜（甚至擴大），以及人們如何被差別對待，此處關心的主要議題有三個。

首先是關於數據提取過程，人類所設計的提取方式往往不完美。我們說過，數據累積成巨量的儲備，操縱在各方人士手中，包括企業和政府，他們的目標不盡相同。Microsoft 或許是想開發新軟體，Facebook 是想賣鎖定目標的廣告，政府部門想抓出潛在罪犯或恐怖分子。為了打造出一套能進行數據提取和探採的系統，在設計過程中誤入歧途。舉個具有象徵性的實例：Google Photos 曾引進一項臉部辨識功能，將黑人女性指認為大猩猩。[52]另一個實例是，Google Search 遭抨擊它的搜尋結果強化種族主義者的刻板印象和種族主義。[53]還有一例：美國的預測型治安科技鼓勵、加強種族特徵分析，將警方的注意力不成比例地導向男性黑人。[54]缺乏嚴格審查的情況下，隱性偏誤便顯現出來，造成惡毒的影響。莎菲雅・烏莫加・諾貝爾（Safiya Umoja Noble）在所著《壓迫的演算法》（*Algorithms of Oppression*）討論到：[55]數位生活很可議的一項核心特色，是科技設計人員和編碼人員缺乏多樣性。而且，這些設計、編碼人員總是宣稱，那些設計造成的歧視結果「完全是在編碼過程之外」。[56]科技產業不但沒有設法解決系統偏誤，更經常利用數位形式的否認，層層掩飾這些偏誤。於是，助長偏誤深入繁殖。簡言之，數位生活中有太多層面都未能認真面對人類多樣性的深刻意義，以及科技系統內部的不平等對待所造成的後果。[57]

除了設計，第二個令人憂心的議題是，數據提取以意外的方式和真實世界相遇。企業或政府鼓吹使用演算法和自動化的好處，例如可藉此降低營運成本或改善資訊處理的精確程度。然而，即使偏誤已受到重視且致力於減少發生機會，數位裝置和服務依然是面對一個不平等且多元的世界。不同類型的使用者會以意想不到的方式體驗這些裝置與服務，這是無從避免的，誰都束手無策。不論是哪一種形式的人工智慧，不論經過多麼精心設計，都不可能完全預見形形色色的使用者會如何回應眼前的裝置和服務。例如靠軟體預測犯罪活動，或是把 Facebook 這類網站提取的數據用在縮短應徵者名單，總會出現各種偏誤和差錯。其中的問題在於：文化差異無法化約成數據之間的簡單關係。Tinder 和 Match.com 留下的個人資料只能「看見」你的一部分，還有其他很多部分——你在不同環境下表現出來的性格、品味或毛病——是數位裝置和服務不會懂的。我們是數據，也比數據所能真正、準確捕捉到的更多。人在滾滾紅塵中生活起居，呈現彈性、無與倫比的調適能力，以及廣泛而強大的智力，即使是最嚴謹設計出來的運算系統也無法預測。

第三也是最嚴重的一點，是經由提取過程產生的數據洪流，對於「數據監視」（dataveillance）、社會分類和預測式特徵分析都是敞開大門的。所謂數據監視是監控形式的一種，利用分類及切換數據集的方式進行，目的在於辨識、監看、追蹤、預測及管制人群和他們的行動。[58]社會分類是依據群眾的數據而將他們分門別類，然後給予差別待遇。有人會得到優待的地位，其他人則會被邊緣化及排除在外。[59]例如，企業可能會根據居住地對消費者進行社會分類，住在貧窮地區的人會得到不同提議、價格或信用等級。預測式特徵分析是利用已有的數據判斷對象，再以特定方式對待。例如，企業可能會建立某人的特徵分析，進而試圖預測對方的信用風險：準時付款的可能性有多高；如果對方成為忠實顧客，預期的終生價值有多大；以及有多大可能會轉向別處光顧。[60]有了這些預測的特徵分析，企業可決定注意力和資源擺放的優先順序：通常是專注於高價值的顧客，或許會對那些被列為無利可圖、利潤不夠高或高風險的對象劃出紅線。或者，企業可能會依據特徵分析而對不同顧客有不一樣的報價：這個現象常見於保險業，如今也擴及其他行業。以零售業為例，它們已開始採用一套系統，讓同一店面的消費者或同一網站的訪客付不同價錢買相同產品，依據就是顧客的特徵分析。[61]目的是提高消費者的最佳花費金額，藉此讓店家獲利。做法是「將商品或服務的訂價盡可能拉近對方心中的保留價位」，進而一網打盡「交易中可能拿得到的全部剩餘價值」。[62]這些做法無關乎隱性偏誤，而是露骨的企圖。他們的目標正是分辨特定類型的人，然後給對方差別待遇。

政府和公共機構會進行特徵分析，然後判斷公民可享有什麼服務和權利，以及是否需要公權力介入。例如，政府可能會採取措施以查明兒童有沒有處於風險之中或需要額外支援、發現國內的非法居民，或是抓出逃漏稅。預測性維安方面，則是可能用來辨識罪犯。[63]這類措施可能是想要確定哪些地區需要針對特定議題而有明確回應，例如在受到高度社會剝奪的地方，需要教育和勞動計畫、基礎設施投資，或是減稅以鼓勵開發。

在個人層次，預測式特徵分析的做法已構成所謂的預測性隱私傷害（predictive privacy harms）。[64]透過預測式特徵分析而得到的推斷，有些能構成個人資訊：例如檢視社群媒體上的交友模式或貼文，可預測性傾向；根據電話撥打到什麼場所（如清真寺），可預測宗教信仰；或者根據購買物品可預測懷孕。這類資訊可能相當敏感，利用這些資訊的行為可能會造成嚴重代價。例如，尚未出櫃的人如果被利用其性傾向而寄發廣告到老家，或是發送到共用電腦的社群媒體時間軸，可能會導致個人傷害。或者，如果某人是居住在同性戀仍屬非法的國家，預測式特徵分析可能會讓其遭遇肢體暴力或被定罪。

我們擔心的是，預測式特徵分析將會發展成美國聯邦貿易委員會（US Federal Trade Commission）前主席伊迪絲・拉米瑞茲（Edith Ramirez）所說的「數據決定論」（data determinism）。[65]有人依據過去的行為而對我們進行特徵分析與判斷；不只如此，甚至預測我們將來可能會做什麼。預測性維安方面，數據決定論的作用最為明顯，警方試圖利用分析學預先判斷哪裡可能發生犯罪和誰可能犯下這些罪行。美國有許多警察單位目前正使用預測性維安科技，例如芝加哥警方即同時採行區域特徵分析和個人特徵分析；前者為根據犯罪模式找出巡邏路線，後者則是經由通話紀錄與社群媒體調查已逮捕罪犯的社交網絡，嘗試預測哪些人已經或可能成為罪犯。[66]那些被識別出來的對象會被標記為「預行犯」，由警方派員前往訪查。警察上門不是因為他們曾經做了什麼，而是演算法預測他們可能會做什麼。以上的情況顯示我們的數位身影不但追隨在後，而且領先我們。公民權利可能遭受的侵犯讓人不安，人們被對待的方式彷彿犯錯的鐵證如山，其實一切只不過是出於推論和猜想。再加上特徵分析系統具有各種不同的偏誤，針對特定族群的歧視將會日益嚴重。數據導向的特徵分析沒有創造出更公平的社會，常見的情形反而是讓不平等和不公平更為惡化。

治理和政治學

社會分類和預測式特徵分析是在數位時代社會治理的兩大變化。許多評論家指出，為了治理的目的而使用數位科技，正在改變「治理性」（governmentality）的本質。治理性是指政府的治理在組織和運作方面的基礎邏輯與機制，他們的論點是：治理的本質正往科技官僚、演算法、自動化、預測性等方向演變。[67]科技官僚形式的治理預設社會系統可以被測量、監視，以及視為科技問題且用科技方案解決，而不是透過法規、政策、計畫性干預、社會夥伴關係或社區發展對症下藥。科技官僚系統的基礎是大規模的數據提取，而且是以自動（automated）、自主（autonomous）及自發（automatic）的方式運作，無論是人工監督或人為請求執行，都是有限的。

科技官僚系統的影響，是將治理性從紀律管理形式轉向社會控制。紀律治理性（與維安、管理和職場品行有關）的一個重要面向，即人們知道自己是被監視的對象，且加入監視及獎勵他們的社會和職場體制之中。他們會自我管理，按照規矩行事以免被懲罰。像監視攝影機這類科技在本質上是紀律性的，旨在讓我們能有合宜的言行舉止，才不會被攝影機目睹違規言行，事後遭受懲罰（即使我們知道可能沒有人在監看攝影機回饋的影像）。在控制系統而言，我們隨時隨地都處於被監視與處理數據的狀態下。我們的行為來自明確的指揮，或是暗處的引導或勸誘，而非紀律或自我管理的表現。例如，超市結帳櫃臺工作人員的績效，從前是由主管親自監看，以及／或者稍後調閱監視錄影判斷。如今，則是由條碼掃描器和錢箱本身來衡量：假使員工掃描的速率下滑，即會被要求加快動作。他們的行為時時刻刻受到調控。

數據提取以其他方式改變治理，使用者一旦知道他們的回應會被記錄且保存，同時會知道他們的行動被監控了。社會參與的方式會反映個人如何參照社會規範而管理自己的行為（我們監視自己的行為是依據社會期望，以及唯恐被訓誡的眼光盯上而招致懲罰）。數據提取調整既有自我治理形式的參數：它增強自我治理的訓誡成分，因為我們在線上的行動被追蹤，可想而知會成為對我們不利的證據。你可能讀到一本與伊拉克戰爭有關的書籍，發現有一名極端教士的生平似乎很有趣。但是，接下來你會在網路上搜尋他的名字嗎？或者你會暫停一下，猜想除了Google，還有NSA會追蹤你的搜尋紀錄？NSA會積極監視網路世界，尋找被它認為至少有五一％成分的「外國人」使用者。[68]依照美國法律，NSA即具有合法的權力進行追蹤。

更一般來說，現今的政治生活是發生在數據提取的背景之下，享受思想自由且發揮這項自由，提出有關世界如何演進的問題，意味持續穿越監控，在數據採集活動的制度化環境中行進。為了完成工作而需要的工作場所、圖書館、網際網路服務供應商（internet service providers，ISPs）、政府部門及線上平臺創辦人，都有可能正在監視我們的一舉一動。即使這些數據監視代理人是在國家級政府（歐洲則是歐盟級指令）的監管之下，我們仍無法得知他們在記錄或不記錄什麼，或者如何處理及利用那些數據。

最後，整個社會將有一股愈來愈強烈的感覺：認為使用數位裝置和服務就是將自己置身於實驗性質的治理形式之中，我們無法控制它，甚至無法了解太多。我們有充分的理由相信，NSA從事監視的範圍之大，目前被揭露的部分只是冰山一角。我們的視線之外還有許多數據監視形式，正以目前未知的方式和自我治理互動。數位提取的架構正融入我們的心態，逐漸形成「數據－心態」關係。透過這樣的關係看向世界，知道想要完成工作就必須在眾多線上世界穿行，與此同時為數據儲備添加內容。我們身在制度化的環境內，接受各種方式的治理，當下就能意識到數據提取的存在，且根據那些治理方式，決定應該如何對自己的行動自我管理。

應該使用哪個搜尋引擎來找尋資訊？應該在哪個網站訂機票或買書？造訪哪個新聞網

站？在哪個數位裝置上連署？註冊哪個電子郵件信箱來關心即將舉行的抗議活動？這類問題不停冒出來，答案往往是心血來潮，幾乎沒經過大腦。但隨著種種治理實驗被爆出新料，我們的數據－心態會成長；或是因為對數據提取的認識愈來愈深入；總之，我們一定會多加思考這些答案。回答這些問題時，會想辦法確定我們的行動在一系列回應之中的位置，進而發揮（具體展露，雖然都是0與1的形式）數據－心態的精準表現。當然，由於我們整天待在數位世界裡，不斷與各式各樣的數位裝置及服務互動，必然整天都在重複這個流程。我們與治理形式交手，會遇到的問題是關於一個可能性，就是數據提取會導致數位供應商合併。這個可能性顯示我們的數據－心態在做決定時，絲毫沒有保持獨立的餘地。雖然巨量儲備的數目正在縮減，但我們全部的回應不過是加入了其中一個。

企業和政府進行的數據提取會影響政治生活，在表面民主的社會，數據提取會增加全新計算方式出現的機會，被用來計算如何改變政治生活，想當然耳包括從中操縱。這類新計算方式的典型實例，就是備受爭議的劍橋分析公司（Cambridge Analytica，CA），它利用五千萬筆取自 Facebook 的個人資料。[69]此個案中，CA分析這些 Facebook 用戶的數據，目的是找出可以投放特定類型政治廣告的破口。CA認為，這些鎖定目標的廣告足以左右二〇一六年美國總統大選的投票模式。Facebook 的用戶當然知道這家公司不斷生產巨大的數據儲備，卻不一定料想得到，有人會針對特定的政治目標而處理、挖掘他們的數據。充滿意識型態的廣告，目的在於影響選舉。收到這種廣告截然不同於收到鞋子廣告，而且賭注高得更多。支持美國民主制度的編碼，被這一小群專家改寫了，然後在 Facebook 或使用者很活躍（不停生產新數據）的任何網站，安裝到使用者的一連串回應之中。

不只在美國，類似活動——包括CA主持的活動——也正在其他地方進行。我們不知道會發生怎樣的治理流程，亦無法預料將會造成什麼後果。一個令人極其擔憂的情況，是數據提取將會助長某些行動者煽動暴力：例如注入數據的恐怖主義、暴力抗爭和革命，甚至是種族大屠殺（在社交媒體上掀起風暴和輿論）。另一個比較不極端卻同樣讓人憂心的情況，是民主程序的前景變得和數據提取、社會分類密不可分，以至於社會更趨於兩極化，或許會到發生小型暴力事件的地步。已經有證據顯示，校園槍擊事件和民代被攻擊這類暴力行為，是凶嫌在犯案前於網路上的行為造成。[70]雖然我們無法得知操縱者的精確布局，但可以確定，某種程度的政治操縱很可能正在發生，想必也會影響凶嫌的暴力衝動。

另一個擔憂，是日益加深的數據化及控制潛變（control creep）*[71]將無可避免創造出老

---

* 譯注：指控制能力、範圍等自動增強、變大；為某個目的設計的科技被用於其他目的。

大哥社會，而數據制度就在這樣的社會裡惡劣地影響日常生活。中國在大規模監控、無所不在的思想審查、線上內容與社會互動控制等基礎之上，[72]建立新的社會信用評分系統，讓我們得以一窺老大哥社會的可能面貌。這個社會信用評分系統匯集四百個數據集，它們來自四十二個中央機構、三十二個地方政府和五十個商業組織，遍布四個不同領域，有公共行政（中央和地方政府服務）、司法事務（執法和安全，包括面部識別閉路電視）、社會活動（包括社群媒體和旅遊），以及商業活動（包括金融事務）。[73]這些數據被用以評估「信任」、「聲譽」和「信用等級」。該系統目前非常重視商業領域，但其中具有重要的社會與個人成分，預計將在二〇二〇年以前全面採用。[74]中國政府指出，這個系統計算所得分數，可確定哪些組織與個人最值得接受適當服務及賦稅減免，而那些評分低的，將受到懲罰及拒絕提供某些服務。因此，它可用來實施「社會管理」，創造「更公平的社會」。[75]這些分數的影響層面有：政府支持和服務、市場許可、公共採購、經濟與金融領域、住宅供給、基礎學校教育和大學，以及可使用的大眾運輸類型。[76]香港的民主示威者深知，中國的大規模監控基礎設施可能影響他們的個人自由；所以在遊行示威期間，他們一向使用加密通訊、以口罩遮臉、撐著雨傘行動、以現金支付大眾運輸而不使用可追蹤的貨幣，甚至是切斷面部辨識攝影機，這些做法都是為了保護他們的身分。[77]

生產

數位經濟的基礎商業模式是以採集我們所有人的數據為核心，如此一來便引入一種新式但有問題的經濟生產動態。假如企業想要開發的商品，有賴於累積短期和長期策略所使用的數據，我們就會被納入生產流程。對所有生產商品的廠商來說，實際銷售量始終是最重要的。他們的職員依然是傳統的「工人」，至少如同過去二百年來我們對這一類人的想像。但是，在數位生活中涉及數據提取的範圍裡，任何使用數位裝置及服務的人如今也都是工人。我們為許多公司效力，其中有的沒沒無聞。他們的獲利情形，我們幾乎一無所知，也不會因為付出勞力而收到報酬。我們在黑暗中工作，手機上的應用程式賣廣告給廠商，或者採集關於我們的數據再傳到某個地方。我們簡直無法得知他們的收入或利潤如何累積、投資或分配。造訪的網站要求我們停留及回應，一旦照做，就是將一小包數據發送到許許多多看不見也不認識的數據儲備，有可能被貨幣化。控制這些數據儲備的業主很多，舉例來說，不只包括新聞或旅遊網站，也包括把各種服務「插入」那些網站的供應商；不只有 Facebook 或 Alphabet 這類科技巨頭，也有無數小公司，它們追蹤且慫恿在網路上流連的數位使用者。

工人和公司、生產者和投機商，他們的關係發生出乎意料的變化。數據提取尚未成為經濟生產的核心特色前，工人的生活和雇主的關係，相對來說是透明的。企業和政府經歷過繁榮和蕭條的循環，工人（個別或集體）在此期間設法協商，以致能了解他們的物質環境將會如何演變。我們付出勞力，且每週或每個月會收到薪資條。除此之外，如今還需要確認自己曾經在線上工作。我們很少（如果有的話）有具體方式能得知誰因此獲益，只知道我們沒拿到半分錢薪資。[78]換句話說，我們的數據和勞力被貨幣化，卻沒有拿到任何實質回報。如此一來，規模相對很小的公司得以創造巨額收益——說它們是「小」公司，至少從員工人數來看，和數位時代以前有類似盈利的公司相比是很小（例如 Facebook 在二〇一六年的獲利是一百億美元，員工有二萬五千名；福特汽車的獲利也是一百億美元，但擁有二十萬名員工）——原因正是在於它們的「工人」包括你我這種免酬勞使用者。

將經濟生產分散給數十億使用者——每一名使用者在許多線上平臺持有好幾個帳號和個人資料——帶來新的不確定性。企業想要提取數據時，它們無法計算使用者會在產生回應數據的範圍內停留多久。它們可修改編碼、調整演算法、引入新功能、促進特定類型的回應，以及鼓勵使用者查看內容。但是，這些行動都不是任何一家公司能控制的。這是一種分散的經濟生產形式，它去除控制，但要求數據導向的公司打造相對自主的演算法。這些演算法對活動的暴增保持警覺，希望能藉此暫時限制線上行動，才能採集到數據且在未來可能將它們轉化為收入。此處有人類導向的行動，不只是演算法或機器人程式的問題。舉例來說，假使有一則新聞「爆紅」，導致造訪某新聞或旅遊網站的人數激增，或者是使用者停留在某個應用程式的時間變長，真人編輯或設計人員將會介入，撰寫新內容、建立新連結，或者調整演算法以放進特定類型的廣告。分散式經濟生產需要演算法帶來的自動化，但也需要新型的重要真人行動。這些行動必須靈活、敏銳，而且能馬上看出來如何鼓勵使用者逗留閒逛，且貢獻數據給連線的各種數據儲備。其中令人憂心的一點是：雖然我們有某種程度的自主性，能決定要在一系列回應的哪一處參與；但數據提取的基本原則會鼓勵企業合併，使規模壯大、能力提升到極致，確保我們的回應都難逃它們的手掌心。這樣的動態正是我們擔心之處。分散型經濟生產的基礎是數據提取，激勵一種經濟參與者出現：他們設法形成壟斷，進而阻礙競爭。

又一次眾多影響匯聚

回到本章開頭：你到 Lou's Café 買咖啡，很顯然 Chem-Care（或其他想針對你的廣告商）唯一能準確預測的，就是你和它之間一次無法預測的偶遇。你可能不在乎看到廣告，可能討厭它，可能它沒讓你感到多難為情，也可能是最後一根稻草。但在數位世界的領域，你有可能觸擊、滑動或點擊廣告，讓它願意冒險一試。與此同時，你知道自己一直被追蹤；有一種感覺愈來愈強，就是當你在外面走動時，知道自己不孤單；你能理解自己正在生產，即使以前的你以為只是在消費；你也知道自己是 Lou’s Café 的老主顧，這種身分在某個數據類別儲存一部分人格，會引來特定類型的政治廣告。

時至今日，當我們上線時迎面而來的是大量的額外勢力，其中有許多不同可能性，形成另一次眾多影響匯聚。當然，我們不吝於重申：數據提取和加速確實能帶來回報。然而隨著時間與環境不同，影響會造成問題。我們概述四方面的問題，你或許像我們一樣能想到其他的。

數位生活發展的一大特徵是變化的步調飛快，總是慫恿我們不斷前進，去採用最新、最了不起的裝置和服務，愈多愈好。我們一再忍不住衝動，你或許也是，於是選用且適應其中的許多改變。本書剩下的篇幅，我們要提出幾個避免被誘惑的方法。我們的主張是：慢運算就是在加速與數據提取中，試圖確立一部分控制權。

CHAPTER 4

個人的慢運算策略

星期四，現在是下午一點。你一直想改變工作方式。安排和一位同事見面吃午餐，昨天寄電子郵件約她，而不是今天在WhatsApp和她聯絡。你已經專心工作整個上午，既不看電子郵件和訊息，也遠離社群媒體。離開辦公室前，你快速追上那些通訊內容，然後將手機轉靜音。午餐的氣氛有點怪怪的，因為你把手機留在口袋中，而不是放在餐盤旁邊。你對朋友說起這個上午的事：幾年來第一次在火車上看書（那種感覺很怪異，因為身邊的人都在滑手機）；故意使用一款新瀏覽器，隱藏你的IP位址；以及更加小心策展你在網路上分享的東西。她沒有留下太強烈印象，但對你來說，這實際上是踏出美好的一步。可以確定的是，這麼做感覺很不一樣，而且有一點不方便。可是，你也因此有解放的感覺。

但願以上的情境能吸引你且讓你覺得是做得到的，我們認為，它呈現實行慢運算的一天可能會有的樣子。第一章指出，慢運算是為了解決加速和數據提取所造成的各種問題。慢運

算的做法是優先保護你的需求和興趣，且為整體社會創造公共利益。實行慢運算必須個人和集體付出行動：人們能思考且扭轉自己的處境，而且不僅匯集自己的行動，也借鑑其他人的各種做法，進而決定改變自己的數位生活方式。

本章的重點是個人可用來實現慢運算策略的戰術，這是關於掌握問題的所有權，以及在個人層次主動對付加速與數據提取。為達目標，我們針對減緩運算制定一些干預措施。我們強調重新配置你花在數位參與的時間，同時策展及限制你留下數據足跡與身影的範圍。應用這些觀念能讓你更有力量，因為你取回某種程度的控制權。但是，這意味接受相當程度的不便。數位世界的安排方式，通常是阻撓你實行慢運算。我們不該逆流而上，數位裝置、應用程式和整個數位生態系統的設計，都是為了將我們推著加速，且讓我們的行為與思想曝露在數據提取之下。然而，我們可以一小步、一小步地慢慢來，建立比較均衡的數位生活。而且，這些小步伐能走成平坦大道，迎向我們的目標。

重要的是，知道不只有你渴望慢運算所嚮往的目標。我們認為，實行慢運算時將會發現，有愈來愈多人也在追求和你一樣的行動，且分享觀念和科技來協助你克服這些障礙。然後，隨著擁抱慢運算生活，你會遇到更多可以實行的集體策略，第五章將會揭櫫集體行動的部分可能性。

本章分為四個部分：首先將解決一個問題，就是數位型加速器層出不窮，我們如何能部分控制時間，以及為何需要這麼做。我們引介「時間主權」觀念，強調反思、審核，且指出偶然性。可以藉由偶發事件抗拒加速的壓力和誘惑，反過來以減速的方式更好地控制數位生活。第二部分，聚焦於數據提取，探討如何有效且靈敏地參與或避免過度的數據蒐集。引入且闡釋「數據主權」觀念，建議你應該以它做為數位行動的精神指導。如我們所說，這是關於善用我們所持有的「行動力碎片」（sliver of agency）。[1]我們無可避免會留下數據，但可藉由行動力碎片表現對這些數據的主權。我們提出四套干預措施，即策展你的數位生活、使用開源替代品、退出及混淆視聽。

第三部分，討論為什麼很難實行慢運算，還有必須持續努力的理由。我們迫於家人、朋友、老闆、同事和客戶的壓力，必須連線及使用數位科技。我們使用的平臺有許多會讓人養成習慣，同時在心理上引人入勝，容易上癮。我們幾乎被程式化，不得不使用它們。即使想辦法要擺脫某些科技和習慣的束縛，也很難成功，因為我們在日常生活中對它們的依賴很深。而且，目前的狀態已被塑造成事物的自然樣貌，很難想像及實現不同類型的生活和社會。

最後一部分，詳論如何著手思考、制定你的慢運算策略，以及實行這些策略所需的戰術。我們突顯實行慢運算的一天時，需要審慎思索在何處、何時和如何參與一系列的回應。無論你是在火車上、吃午餐或躺在床上，你的數位日（更廣泛來說，你的數位生活）可以（我們認為或許是應該）有所不同。假如你能採取批判的立場、接受某個程度的不便，以及擁抱慢運算，你的數位生活會更均衡。

減速：實行時間主權

慢慢來意味你控制著自己的人生節奏，在任何情況，由你決定行動速度的快慢。如果今天我想快就快，到了明天我想慢就慢。我們所爭取的，是決定自己節奏的權利。[2]

第二章提到，我們正生活在一個「隨時待命／隨傳隨到」的快速世界，對現今的生活造成許多後果。針對加速科技而採取行動，即是嚴肅看待慢運算的「慢」。我們對所有人呼籲：反省我們參與加速化世界的方式、這些生活方式對我們的日常生活帶來的後果，以及思考如何調整做法，才能減速到更為穩重、可控、健康且愉快的步調；才能製造時間可以減速、休息、遊玩、放鬆、逃離「沒有下班的上班」或繁忙的社交行程；才能抵制忙碌和速度的誘惑；以及保護我們的時間和注意力，擺脫對我們的注意力虎視眈眈的系統和裝置。以上這一切，沒有一項是要你「伸手去拉緊急剎車」，[3]也就是不必將數位生活的方式砍掉重練。前面提過，我們絕不可能完全置身於數位系統之外。然而，這是關於採用一系列步調和節奏去配合環境和我們的目標；是在轉向的行動有意義時，轉向社會時間和時鐘時間，而非總是在網路時間裡運作；以及轉向更古老、更緩慢而不是加速的做法。

雖然如今社會生活的加速狀態給人的印象是需要「不停跑步才能維持不動」，但顯然不是非如此不可。少往往才是多，緩慢實際上更有成效、更有價值。現在已有充足的證據顯示，有組織的休息（大量睡眠、閒暇的晚間和週末、沒有工作打擾的假期）和策略式行程（封鎖任務、最小化分心）比匆匆忙忙、一心多用和全天候工作，能創造更多、更好的工作成果。[4]速度和數量不等於品質，多工往往意味糟糕地完成兩件或多件工作，而非創造效率。科技經常表現得像是假朋友：它節省時間，卻同時滋生新的責任和任務。[5]例如電子郵件使通訊更容易，可是接收到的訊息卻倍數成長，且加快回應的周轉期。

能夠從工作脫身的人——能實行有組織的休息——過得更快樂、更有效率、更有彈性，而且不容易出錯。[6]他們更樂於合作，合作共事和客戶關係可因此改善。有組織的休息不僅有利於工作，也有利於健康，能減少與壓力有關的疾病（如失眠、偏頭痛、高血壓、憂鬱、哮喘、胃腸疾病和飲食失調）和精疲力竭的可能性。[7]然後，由於病假和相關的成本降到最低，企業的生產力可隨之提升。有人亦主張緩慢能使生活更充實、更有意義。能放慢腳步的話，你就有更多時間享受各種活動而不受打擾，更周嚴思考問題、嘗試解決方案，處理更深層、棘手的問題，以及思考人生。[8]你能為了事情本身而去做，不再是因為某些不可告人的動機。

此處有一種時間道德，需要個人和集體反思「時間主權」在數位時代的本質，而這種反思中想必會納入制度化結構。所謂的時間主權，是指有權力和自主性，能決定個人的時間如何支配。我們固然對每天的生活內容都有某種程度的控制權，但都受到社會和制度化義務束縛。管理行程時，必須設法和其他家人、朋友、上班時間，以及社交活動如體育訓練或合唱團練習的時間表配合或協商。數位科技打亂社會和時鐘時間，吸引我們放棄對個人時間的控制：例如，透過家中隨時開機的 Wi-Fi、超市裡讓人可快速（衝動）購買商品的設備，或是隨時隨地都能聯絡上工作、同事和客戶。它們阻撓緩慢的時間道德，使它難以發展。科技的提醒，似乎總是想要我們在愈短時間內完成愈多工作。

很顯然，實行慢運算的挑戰有一部分在於指出偶然性——日常生活中有某些時刻可以拒絕參與超通訊和超協調，而且不會對自己的幸福、企圖心，以及其他人的生活帶來負面影響——然後決定採用比較緩慢的速度參與這些社會歷程，而不是如別人所期待的那種速度。舉例來說，今天搭火車時，你可以看書而不是回覆電子郵件。這個行動的終極目的是改變你使用時間與空間的方式，雖然你有可能必須想想對別人的影響：同事們或許正在等你回信，他們已經習慣在通訊時立即得到回覆。但是，你回覆或不回覆的頻率為何？他們需要立刻回覆的頻率為何？這些期待是普世價值嗎？可以期待那些步行、騎自行車或開車上班的人嗎？有沒有可能以稍微極端的方式，調整每天的例行活動？例如，你能不能在晚間、週末期間拒絕回覆電子郵件或訊息？或者度假時完全離線？或者，你的家人或同事是不是需要、甚至要求一點彈性？

我們的重點是，加速的經驗通常是有關我們與他人的大量連繫。可以想像，每個人都對我們將如何回應感到焦慮。加速的經驗也和期望有關，加速誘使我們旁觀自己與人連結的方式，但忽略退出的可能性，反而單純地一躍而入劇烈的回應之流。壓力總是混合保持連線的永恆誘惑，許多人離不開加速——慢運算的「慢」不是，或至少看起來不是，每天大部分生活的選項之一，這就是現今工作與生活的方式。

然而，一如往常，我們能夠順利通行或稍事調整。遇到保持聯繫的壓力強大時，例如工作流程需要立刻回應，我們依然能夠慢下腳步，可以吃完早餐再第一次查看電子郵件和各項通知訊息。假使基於工作文化要求，午餐時無論如何都要保持與電子郵件連線，但你可以關閉其他通訊應用程式的訊息通知，如 WhatsApp 上面川流不息的訊息。它們來自同伴、朋友、家人、鄰居和社團，會把你拉進一連串回應中。你在加速職場已經感到壓力沉重，如此一來更是火上加油。回到辦公室，你可以關閉手機的網路連線，而且不要頻繁查看電子郵件。每一小時或更長時間才密集回覆一次電子郵件，這麼做能讓你的腦袋更專注於其他工作。剛開始你可能會覺得必須檢查信箱，但長期堅持這麼做，那種急迫感就會消逝無蹤。即使收到電子郵件或其他訊息，或許不需要馬上全部回應。專注於那些真的需要回應的訊息，能給你喘息的空間。同樣的，評估是不是確實有必要在上班時和社群媒體保持連線：Facebook 或 Twitter 可能會一直通知新聞事件，然而你需要整天接收這些「叮叮叮」嗎？或者，你需要整晚接收嗎？

當誘惑大於壓力，就是應該主動減速的時候到了。我們的選項很多，例如，承諾在用餐或和別人一起從事活動時，離開任何數位裝置，這麼做的目的是製造空間與時間，讓我們與別人互動，而不是和各種裝置。沒錯，「裝置癮」（devicing）*正普及於成人和小孩的生活：徹底禁用數位裝置是不切實際的，除非是最有警覺心、最堅定的人，以及在許多方

＊譯注：指花太多時間緊盯著手持裝置。

面享有特權的家庭（因為對很多人來說，裝置癮如今已是求職就業的一部分基礎）。話雖如此，如果我們能把戒裝置癮轉變成遊戲，即可形成緩慢或更緩慢的時刻。例如，可以對用餐時第一個滑手機的人施加一點社交性懲罰，像是負責洗碗。

更廣泛來說，我們可以拒絕在上班以外的時間和同事往來，設法保留沒有運算干擾的休閒時光。你可以在電子郵件中設定「本人已離線」訊息，提醒寄件人不必想在上班以外的時間聯絡你。偶爾告知同事，你正在努力減少連線時間。這麼做可能會阻止他們在晚上或週末聯絡你，除非真的遇到緊急事件。還有，何不在晚上或週末關掉家裡的 Wi-Fi 路由器，避免一時衝動想連線去回覆訊息？這也是保持離線的方式之一。或者，當你想要保持離線時，將手機切換到「飛航模式」。正如許多評論家強調的，你可以讓手機遠離臥室：它的強光會影響你入睡，而且會丟出無數誘惑，想要你上線。它只會鼓勵你加速而不是減速，[9]更何況深夜查看與各種問題有關的訊息，很可能導致一夜難眠。睡眠被剝奪使你更有更高機率發生績效不足、犯錯、忽略重要細節和情緒化反應。[10]雖然你的老闆和同事無法了解，但我們幾乎能確定，以這種方式調整時間和休息，會變得更有創意和效率，也更樂於和人合作共事。換句話說，對他們還有對你，都是有利的。

除了改變使用數位裝置的方式，還有其他做法能讓我們減速且降低超協調的催促。和朋友或社團的聚會，你可以爭取事先安排好，而不是邊走邊設法把大家集合在一起。目前大家有一種傾向是想利用 Doodle 這類工具來決定會議或從事其他活動的日期，工作上尤其如此，但社交生活也是。這個做法要求許多回應，違反慢運算的理念。緩慢一點的做法是在每週的開始或每年的年終就決定好所有日期，然後按表操課。

有時我們需要重新評估自己的社交圈，你是否真的有必要和「六度距離的朋友」（six-degrees-of-friends）*[11]互動或閱讀關於他們的事？社群媒體出現以前，他們之中有許多人你根本聽都沒聽過。只專心在一度距離內真正重要的朋友，或許對你會比較好。縮小社交圈可減輕注意力的重擔，以及不會碰到 Facebook 上的偏頗貼文，或是 Twitter 上讓你咬牙切齒、焦慮破表的評論。

出門在外也一樣，我們能克制加速生活的衝動。在超市中，何不排隊等候結帳（利用這段時間放鬆及思考），而非使用自助結帳設備？在車站，何不取用紙本班次表來看發車或抵

＊譯注：「六度分隔理論」（six degrees of separation）認為，任何兩個不相識的人之間，只需少數幾個連結即可形成關係。簡單說，飛機上比鄰而坐的兩人，A是誰的誰，B是誰的誰，只要算得夠多、夠久，很快就能找到共同的「誰」。每個連結稱為一度（degree），據說其間的連結最多不會超過六度，因此得名。所謂「六度距離的朋友」是反諷與你距離最遙遠的陌生人。

達時間？不要總是靠智慧型手機的應用程式。你可以到當地的商店購物而不是用網購。或者你在網站訂購商品，何不選擇到店取貨，而非送貨到府？像這樣的簡單步驟，總合起來當然會重新帶來不便的感受。但它們能轉變你的生活，幫助拿回自己時間的所有權，讓你有更多「真實」且悠閒的體驗。

還有一個配套做法，評估你的數位裝置如何安排。許多智慧型手機的使用者會把最常用的應用程式放在首頁，以便快速開啟，最明顯的就是電子郵件和社群媒體應用程式。把它們從螢幕首頁移除，當你想要進入回應連鎖時，可以製造額外的步驟，於是你有短暫的一秒可以想起不要去做。另一項做法是關閉通知功能或電子郵件的「推送」選項，這是為了給你一點平靜，且強制只能自主選擇更新，讓你增加控制權。替代做法是在家和上班分別使用不同的數位裝置，確定家用手機上沒有和工作有關的應用程式，而上班期間只使用公務用手機。當然還有更徹底的做法，就是把社群媒體和電子郵件應用程式一併刪除。你還有瀏覽器，所以和往常一樣可以「進入」，但額外的不便有助於取得更佳的平衡。

簡言之，追求務實的「數位排毒」是可行的，雖然很辛苦（事實上，因為種種理由，這麼做可能非常困難，稍後會討論）。極端的做法——丟掉你的智慧型手機或筆電——是矯枉過正，違反慢運算精神，因為似乎意味放棄運算的喜悅。我們在本書中一貫強調：數位生活有眾多可愛之處，我們的挑戰在於取得正確的平衡。我們的重點是：數位科技可保留下來，成為日常生活的一部分。如果有決心調整或改變做法，使參與的速度減緩，即可改善社會加速的某些影響。慢運算的「慢」是可欲也可及的，我們有選擇的機會，而問題是我們每天都要一再決定，如何與周遭各式各樣的數位科技互動。

取得數據主權

我們已經討論過，實行慢運算的一大要件是減緩互動，以及減少參與回應連鎖的次數，但可能會遭遇限制，而減速是個選項，可以有不同程度的追求。相對的，應付數據提取則更加複雜許多。首先，即使我們以為「離線」了，也會發生數據提取。企業和政府會在超市或大街上蒐集關於我們的數據，利用這些數據儲備開發新產品，或是改變日常生活的某個層面，如交通車流。我們置身於數據提取的架構之中，喜歡也好，不喜歡也無可奈何。另一個複雜狀況是如今數據提取是以不透明、有點被動的方式進行。例如，有非常多數位裝置及服務都和極大型的公司（如 Google、Facebook 和 Amazon）密不可分，然而使用者毫不知情。那些公司設法利用我們產生的數據，若想要全面追查你的數位生活和它們之間的關係，根本是不可能的任務。滿載數據的經濟規模非常巨大，正如數位理論家凱薩琳・海爾斯（Katherine Hayles）說的：「我們在此處強調的『生態』是『如此不斷回復且複雜，不是任何簡單的控制觀念所能掌握的』。」[12]這其中有太多活動正在發生——許多是發生於幕後，屬於祕密的實驗或目前仍一無所知的監控行為——我們無法得知哪些正在進行的數據管理是成功的嘗試。以錢尼－李波特的觀點來看，數據提取的範圍之大，我們僅剩「行動力碎片」可以用來主動干預及塑造數據足跡與身影。我們的任務是利用行動力碎片搞亂數據提取且「針對演算法主體化製造一些小問題」。[13]

我們的行動指導理念，是像你我這樣的數位主體能夠建立某種程度的「數據主權」。數據主權觀念是指：我們應該對和自己有關的數據保留（一部分）權威、權力和控制權；應該在數據提取機制中有表達意見的權利；以及其他實體如企業和政府應該承認我們的數據主權是合法權利。[14]這個術語源自主張原住民有權維持、控制及保護其文化遺產、傳統知識和領土。數據主權要求決定及管理與上述項目相關的數據如何生產、分析、記錄、擁有、儲存、分享及使用。[15]與原住民有關的數據提取已進行幾個世紀，其目的有損原住民的利益，卻不曾事先告知且獲得同意。如今數據主權的觀念和聲明，對所有人都有益處。

任何數據交換，例如用數據交換服務，應該承認且尊重數據提供者的權利和願望。換句話說，藉由聲明數據主權，關於我們的數據如何產生，以及隨後如何處理這些數據，我們取回一部分控制權。從偏向集體的觀點來看，數據主權建議：制定數據提取的原則與做法時，應該針對創建數據共享，而不是私人儲備；或者，是為了銷毀數據，而非囤積和貨幣化。數據主權不是反對生成數據及從中獲取洞察的效益和價值，它是設法將誰控制這項價值且獲利，轉向數據所關注的對象。我們的挑戰是質疑及改變數據提取的運作方式與對象，不是要徹底改變或減少使用我們喜愛的數位服務類型。我們會維持運算的外觀、感覺，還有和它的互動；與此同時，我們要改變新興價值鏈的基礎邏輯和大有問題的本質。

以上均非易事，數據提取制度在目前已是根基穩固，但我們的數據主權觀念只有得到部分承認。這部分承認在許多方面都是心不甘情不願的抗拒，只不過是迫於立法和監管。數據主權和資本主義及自由市場的邏輯背道而馳，這個邏輯將我們視為消費者和數據產品，可藉此累積資本及獲取價值，而不是把我們當作主權公民。[16]它也和數位生活的治理原則相反，那些原則是：我們應該擁抱便利性、參與連鎖回應，且生產數據而把我們曝露在不斷匯集的各種新興效應裡。雖然如此，我們認為努力追求數據主權是既值得也可行的目標，即使目前我們這些數位主體有的人不願意、有的人往往做不到充分了解數據提取系統對我們的全面掌握。我們堅持權利、抵制現行的做法，藉此宣告我們的主權，是挑戰企業與政府，要求改變它們的商業模式和慣例。採取這個途徑，我們必須持續辨識、思索及調整做法、了解某個領域和地勢如何變化，以及設法取回一些自主性，批駁一切有害最佳利益的行為。因此，下文會強調穿越數位空間的一些可行之道，所有人都可致力追求。我們的任務是編成各種舞蹈——用我們的說法是「數位舞蹈」——幫助取回部分數據主權，以下強調四個關鍵行動。

策展你的數位生活

數據提取架構無處不在，與數位生活盤根錯節，密不可分。使用的一切數位裝置及服務，都會將我們曝露於數據提取之中，其中很多設定的預設內容即是允許企業監視及記錄我們做過的全部回應。策展數位裝置和服務以減少曝露是相對簡單的步驟，但很少人有足夠的精力如此去做。它需要時間和努力，而加速化生活正好缺少時間。我們每天在家、在職場、在其他任何地方會用到幾十種不同的數位裝置、應用程式和服務。對任何真的想要策展這些設定的人來說，是個潛在的巨大負擔。然而，遇到障礙就是要克服：想建立某種程度的數據主權，意味需要找到進行策展的精力和承諾。例如在 Android 或 iOS 智慧型手機上，有一個簡單的步驟是重設或退出「廣告ＩＤ」。[17]另一個常態性任務是熟悉這些設定，然後習慣對它們進行微調，尤其是軟體經過更新時。身為富有戰鬥精神的策展人會持續追蹤這些設定，軟體更新後隨即檢查有沒有狡猾的變更重新開啟管道，連線到各種數據儲備。有的情況是我們想要執行的設定會停用某項核心功能：[18]此時需要評估服務與隱私之間的權衡取捨，再決定是否授予存取權限。有時應用程式會變更服務條款，有時是你對於可容忍哪些隱私設定改變想法。無論是哪一種情形，如果不再接受現行的設定，或許表示必須移除該應用程式；如果已使用該程式一段期間，移除後會遺失自己的數據歷史。因此，擁抱慢運算可能必須放棄喜歡使用的服務。數據主權的代價是付出少量時間和精力策展你的設定，但有時代價更大，是必須放棄數位生活中的某些功能。

除了策展設定，我們可以「發包」一部分數據保護工作給隱私強化工具。這些工具設計的主旨是限制線上行為被擷取數據，也會保護我們避開惡意網站，進而加強網路安全。舉例來說，這類工具有瀏覽器外掛工具如 HTTPS Everywhere（永遠只會連線到使用安全及加密連線的網站）、Privacy Badger 或 Ghostery（封鎖內嵌在網站編碼裡的追蹤器），以及各種廣告和彈出視窗封鎖工具程式。此外，應該確保安裝防毒及防惡意軟體的工具。以硬體干預措施來說，可使用USB「數據保險套」，它是連接到USB電源線的設備，當你的數位裝置插入公用連接埠，可防止數據交換；或者使用攝影機鏡頭蓋，當攝影機被第三方暗中惡意使用時，可避免捕捉影像。

一般情況下，假使你不確定網站架設方是否可靠，可利用線上信譽和網際網路安全服務網站如 Web of Trust、Norton Safe Web 或 Trend Micro Site Safety Center，確認是否適合造訪或在該網站分享數據。[19]信譽良好的網站會展示網際網路信任組織所頒發的信任證明，你還可以上這些組織的網站反向查核那些網站。[20]你將會形成自己的隱私政策，可以搜尋網站和應用程式使用者評論，了解別人的使用經驗是好還是壞。通常只有在網址列有顯示鎖頭圖示和「https」的網站，以及你知道網站架設方是誰且覺得足以信任對方的，你才能分享數據。假如某項服務要求提供超過任務的敏感資訊，如註冊、登入或結帳，你應該謹慎分享資訊。

如同策展你的數位裝置和服務，策展你的數位足跡同樣重要——亦即策展你願意在社群媒體與其他應用程式上分享的資訊，這是對於分享個人資訊更有彈性且更負責任。它涉及主動、持續地思考：我們是否真的想要自己的思想、意見、照片、影片、檔案、日記等上線，成為我們的部分數據儲備（透過社群媒體、電子郵件、雲端服務、日曆）。某些事物能真正保持隱私的唯一辦法，就是不要經由任何數位裝置或服務分享出去。一旦上線了，就很難維持控制權：貼文會被切割、複製、貼上、分享和復原。就算在社群媒體貼出東西後立即後悔且秒刪，可能已經有人截圖，馬上開始轉傳（正如許多政治人物、名人和普通人的慘痛經驗），而且一直都在服務供應商的數據庫裡。例如在公共場所如大馬路上和陌生人分享的資訊，或是對媒體發行人透露的八卦，如果你和人分享時會感到不自在，就應該三思。這種責任感不僅適用於自己的數據，也適用於別人的。基本原則之一是：除非徵得對方同意，或者你知道對方會同意，請不要在貼文或照片中標記對方。請不要誤會：我們不是建議不分享任何數據——畢竟你不可能完全不留下數位足跡——而是應該謹慎思考分享什麼、是否有必要分享，以及分享是否符合你的利益。

數據策展的一部分工作是主動管理對應用程式、網際網路和其他數位裝置的使用方式。例如，你可改用不會追蹤的搜尋引擎如DuckDuckGo，不用Google或Yahoo。或者，你可以開始使用私密（無痕）瀏覽功能，且主動管理／刪除cookies和瀏覽歷史。你可以對註冊使用的服務設限，只訂購會重複使用的。或是你可以註冊臨時服務，例如使用假資料連線商店的Wi-Fi。同樣的，退出不想要的郵寄名單訂閱（尤其是不經同意就把你加入的）或儲存你詳細資料的網站，是個不錯的點子；或者移除你不再使用的應用程式（除非你很確定將來會再用到）。不要在Facebook或點擊誘餌網站玩愚蠢的測驗遊戲，它們往往是設計來提取安全問題使用的數據，例如：「你的AV女神是誰？」「你的第一隻狗叫什麼名字？」「你母親的娘家姓什麼？」在你不知道架站方是誰的網站，不要因為對方保證會給你一張二十年後樣子的照片，就上傳照片及個人數據。這下子他們就有你的個人資訊：你的長相和姓名，這是臉部辨識的關鍵。至於DNA測試網站這類服務，你真的願意和某家公司分享你的DNA，讓對方用意想不到的方式將它貨幣化？你要考慮限制使用 Google、Facebook 或其他平臺做為登入其他帳號的工具，因為事實上這是啟動跨網站追蹤。同樣的，不同平臺之間分享你的聯絡人、電子信箱聯絡簿或朋友／粉絲，可幫助你和認識的人連結，也會和新平臺及它們交易往來的數據仲介分享你的社交網絡。可以考慮分開使用工作和家庭電子信箱，個人資訊才不會最終落到工作伺服器上，讓公司得以自由挖掘。

你不僅可以策展主動使用數位裝置和服務，此外有可能引用數據隱私及保護方面的法規，向該公司要求存取關於你的數據；質疑該數據的真實性，如有造假可要求更正；檢視根據該數據所做的任何決定（例如信用評分）；可以要求刪除並退出未來的數據提取。有時我們很難知道誰生產與你有關的數據，或者曾經和誰分享。因此，最容易的起點就是源頭和數據仲介。可以到 http://google.com/takeout 去刪除 Google 手上與你有關的一切數據，也可以在 Facebook 做相同的事。[21]更困難的是找上數據仲介打交道，雖然你在法律上有資格存取與你有關的數據。如 Acxiom 這家數據仲介已同意讓你查看自己的數據，不過它利用這個機會蒐集更多數據，用來驗證數據庫的真實性。[22]歐盟範圍內，你能依據新法律主張「被遺忘權」，要求網站內容從搜尋結果移除。[23]

我們的核心重點是：實行慢運算是關於表現你的數據主權，且成為主動的數據策展者，決定要分享什麼數據時，扮演更負責任的角色。這些想法當然有其局限，就算我們確實策展自己的數位裝置和服務，也無法確定是否有效。舉一個實例：有數十億支手機的系統是 Google 設計的 Android 軟體，這些手機的設定頁面連篇累牘，因為手機內部運作的應用程式非常多。我們可盡情調整設定，設法確保自己不會曝露在 Google 的數據提取行為之下。但最近的一些研究發現，Android 軟體裡有編碼會否決個別應用程式的設定，藉此允許 Google 取得每支手機的位置數據。[24]想必還有很多公司正在使用相同的伎倆採集數據，只是還沒被揪出來，這點不在話下。同樣的，國家情報機構則是經由軟體的後門及其他祕技提取數據。我們參與回應連鎖的情況，具有經濟和情報價值。想要繼續使用數位裝置與服務，同時又想全面退出各種回應，是痴人說夢。雖然如此，持續策展、持續表現數據主權，仍是值得去做的。

使用開源替代品

運算帶來愉悅，其中一項核心要素是能讓我們完成任務，數位裝置與服務可輔助我們達到非比尋常的成就。選擇使用數位裝置或服務時，我們有很多選項。這個新興的生態環境裡，許多老大級公司持之以恆將賺來的錢投入開發更新、更聰明的設備與程式，它們有龐大的研究和開發預算，僱用的工程師團隊果然製造出讓人難以置信的產品。有一股主流力量操縱著這個環境，那是我們熟知的幾個名字——有 Google、Apple、Amazon、Facebook、Microsoft 等——它們向全球數十億消費者推銷形形色色的產品。各種可能形式的數據提取，和這些公司的工作關係密切。我們已經指出，這種數據導向形式的商業模式需要賣廣告，廣告的基礎是我們為它們生成的個人特徵分析。或者，這個商業模式會將我們拉進去各種平臺服務，例如 Microsoft 365 套裝軟體產品和 Google 的 Android 系統。此外也和開發新智慧財產的推力密不可分，慢運算和數據主權要求我們繼續在它們的生態系統裡穿梭，不論是在家或上班。在這些主流公司的支配力量下，我們不太可能完全擺脫數據採集活動。

然而，有眾多行動者建構另一種生態。他們雖困在主流公司的勢力下，卻不時對主流公司的支配地位發出嚴正挑戰。他們的做法為我們開闢離開主流支配者的途徑。其中的一項關鍵做法是開源替代品，因為它們沒有必須提取數據再貨幣化的商業責任，只是為了公益而存在。開源軟體的原始碼和設計都是可供社會大眾存取的，而且可以自由分享它們的編譯碼。所有人都能看見及修改開源程式，通常是無償使用（或許需要付費才能取得授權使用編譯碼，但比較可能的情況是對軟體服務及支援程式索取費用或請求捐款，用來支應該專案的成本）。它們往往是集體心血的結晶，由熱情的支持者自願付出辛勞，打造各種專用軟體的替代品。這些專案有些是在基金會的支持下進行的，開源軟體普遍信仰的原則是：開放、交換、合作式參與、透明和社群導向開發。[25]

供大部分運算進行的基礎營地：作業系統。桌上型電腦和筆記型電腦上，Microsoft 和 Apple 是兩大主導者。這兩家公司盡一切力量創造令人讚嘆的作業系統，我們可在其作業系統之下瀏覽網際網路、玩遊戲、聽音樂和工作。但還有其他作業系統可用，有一組是利用開源碼 Linux 架構出來的，值得特別重視。以 Linux 為基礎的作業系統通常會包含 Microsoft 和 Apple 平臺上看得到的所有核心功能。個別軟體和應用程式是分散於各處的程式設計師及編碼人員團隊開發的成果，很多人是不求回報地貢獻時間。由於它們是開源產品，安全漏洞和其他錯誤亦是公開的，可供其他專家審查且有可能修復。嚴格說來，開源作業系統的公開透明這點，應該能使它們更加安全，尤其是就數據提取而言。它們當然不像以視窗為基礎的作業系統，沒有任何軟體或應用程式必須把數據傳回母公司。因此，就數據提取來看，雖然程式設計師在開發新功能時會向使用者的行為學習，但這種形式的數據提取所得到的成品，不同於 Microsoft 或 Apple 那一類獲得專利的專有功能。

基於這些理由，我們認為在開源作業系統上進行慢運算，可以獲得更大的數據主權。[26] 例如，花一點時間學習為家中的電腦安裝開源作業系統，就是積極邁向慢運算的一步，相信你會獲得驚喜。雖然外觀不同，但使用起來很可能非常直覺，而且能深入個人化，因此你可以依個人喜好重新安排內容（進行配置和將來的維護當然需要一些時間，但這項投資的回報是滿足個人喜好和數據自主性的系統）。請記住一件事：Linux 存在的目的是解決社會需求，不是圖利，你可能會變得對它相當依賴。Microsoft 傾向於納入作業系統裡的各種提示與邀請，有很多是讓它們更可能取得與你相關的資訊，但這些在 Linux 是看不到的。以 Linux 為基礎的作業系統不是企業大策略的一部分，它不屬於任何規模上兆的全球型公司，所以，它沒有動力去了解你如何滑動、觸碰、點擊或捲動螢幕。使用 Linux 系統期間，基本上是一個人，它讓你獨自完成工作。假如你想營造更均衡的數位生活，退出主流而進入另一個生態環境，是值得的一步。

桌機和筆電不是唯二有替代作業系統的裝置，某些 Android 智慧型手機可以安裝所謂的「客製ＲＯＭ」，用以取代手機隨附的作業系統，後者是手機製造商或電信公司安裝進來的（如果你的手機是 iPhone，那就算了）。安裝客製ＲＯＭ可能會相當棘手，許多最新型 Android 手機的設計故意讓你難如登天，最後可能會很洩氣。你的某些應用程式可能會運作不順，因此，除非你的數位素養足夠，也有時間和自信能修改及維修運算裝置，否則不建議你嘗試。話雖如此，嘗試一下仍大有好處。首先，學習手機如何運作是很有價值的事。我們隨身帶著手機到處走，而且花費很多時間盯著它看。但它不同於桌機和筆電，我們不會被鼓勵自行維修，甚至會被提防這麼做。雖然我們用了相當多時間在變更整體手機或個別應用程式的設定，但很少人會去修改它的核心系統，假使你真的安裝好客製ROM，你的手機也是以Android作業系統為基礎，可是那些Google應用程式未必都預先一次到位安裝好（這整套應用程式的安裝往往是在安裝過程中開放給你自行決定的選項）。從本質上說，你用到的是一支不會回傳數據給Google的智慧型手機，和你原來的手機截然不同。同樣能打電話、連上網際網路、照相，以及讓你執行某些基本任務，然而你有了數據主權。因為，Google引誘你登入它的數據採集架構，而你能拒絕。

數位世界除了有開源作業系統，還有各式各樣開源軟體與應用程式，其中有許多是專用軟體的優質替代品。例如，LibreOffice提供Microsoft Word、Excel和Powerpoint的替代套裝軟體。Mozilla基金會（它的口號是：「網際網路為世人而存在，不是為利益。」）也有推出開源網路瀏覽器（Firefox）和電子郵件客戶端（Thunderbird）。不論你的興趣和工作是什麼，都能找到很多開源軟體。例如，如果你的興趣是創作及變化視覺內容，有很多開源套裝軟體可用，像是照片編輯的GIMP、3D建模的Blender、向量藝術的Inkscape。[27]建議你去搜尋適用的軟體，再從使用者評論中找看看哪些最能滿足你的需求。

退出

如果進入開源作業系統和軟體這個替代世界是通往慢運算的一條途徑，退出環繞數據提取而建立的回應連鎖無疑就是另一條。我們說的退出是離開服務及關閉帳號，或者一開始就不要使用，其中有兩個關鍵問題。首先，刪除你在 Facebook、Twitter、LinkedIn、Instagram、WhatsApp、Waze、Slack、Snap、Tinder、Uber 等平臺上的個人資料，或者關閉檔案儲存服務如 GoogleDrive 或 Dropbox，這麼做所造成的相關代價（你的社交生活方面或職場生活上的地位，後者因平臺不同而有別），你能否承受得住？其次，從以往的類比裝置升級到數位連網產品，你是否真的將會因此得到足夠的價值？擁有連網冰箱、咖啡機或恆溫裝置；和電視機廠商（以及站在廠商眼前的任何人）分享你看電視節目的習慣；和 Siri 或 Alexa 分享你的所有疑問和思想；或者以數據交換服務；以上這些行為真的對你有好處？

抵制數據提取和推動更大的數據主權，可能需要我們放棄或拒用數位服務。二〇一八年三月，劍橋分析被揭發濫用取自社群網絡的資料，催生了 #DeleteFacebook（刪除 Facebook）運動，導致 Facebook 的市值應聲暴跌——同時顯示社會大眾對於改變線上互動的方式，有某種程度的興趣。這類行動的起源，往往來自人們抗議數據提取對隱私及政治自由造成的傷害，可謂來得合情合理。Facebook 的獲利源自貨幣化我們的回應數據，它的獲利範圍——

亦是我們身為生產者而讓他們的平臺能夠獲利的範圍——受到的關注少之又少。我們認為，打造更均衡的數位生活，就是為了隱私的緣故而減少曝露在數據提取的環境中，同時也是因為你的報酬——你生產數據的酬勞——充其量是可以忽略的。我們在 Twitter、LinkedIn、Facebook 或 Uber 上面很活躍，是提升這些企業的經濟實力，且背書數據提取堪稱適宜的商業模式。當我們拒絕它們的邀請、無視它們的提示，則是表現數據主權。

幾年前，「雲端」在商業界是個膾炙人口的字眼。這個眾口相傳的現象，是 Amazon、Microsoft、Google 和 Dropbox 這些公司創造的。它們推銷自身的儲存能力，可將你的個人或商業數據儲存在線上，從此使用者不必再擔心自己的電腦故障。與其拍照後將照片儲存在本地，何不上傳到雲端的幾G空間？小公司把錢花在技術支援上，以為這樣就能保證本地的伺服器可平安無事，何不拿來購買 Amazon Web Services 的雲端空間？這股聲浪已經消退，但雲端服務如今成為數位生活的一部分。現在有很多人將文件、照片和影片儲存在雲端，比較不擔心儲存在本地的資料。使用好幾種數位裝置的人，會非常熟悉這麼做的好處：例如在辦公室有桌機、在家有筆電，加上一、兩支智慧型手機，有時還有 iPad 或平板電腦，雲端服務可讓我們將這些裝置整合在一處，而且不論我們人在哪裡，都能存取或增加新檔案（只要有網路連線）。過去幾年來很少有什麼發展能帶給我們這麼大的便利。這種服務以實例示範運算令人愉快之處：你很容易即可馬上存取大量的文件和相簿，還有各種新工具能讓你順暢地分享，甚至在線上共同作業。

然而，如果慢運算是為了建立更大的數據主權，那麼依賴矽谷巨頭或其他企業提供的雲端服務，絕對不是我們的理想。幫 Dropbox 或 Google 所持有的數據儲備增加內容，可能讓你被它們賣的廣告轟炸，或者被暗中分析你的數據（可想而知會有非法分析，這要看服務條款，以及它們是否尊重那些條款）。然而你能建立自己的雲端，這並非易事，但絕非不可能。將網路附接儲存器（network-attached storage，NAS）連接到家中的網際網路路由器，事實上不需要高超的技術能力。設定好每個細節需要時間，想讓你的每一個數位裝置都能連線到雲端，可能會遇到挫折，但加把勁就能辦得到：日後出門在外也能存取個人資料，還能減少曝露在數據提取的環境。

像 Dropbox 或 Google 這些公司當然不希望我們這麼做，因此它們一方面提供某個額度以內的免費空間，一方面開發新智慧財產，使服務能運作得更順，建立數據主權就是要拒絕這些誘惑。慢運算意味接受某種程度的不便，有可能必須放棄數位生活的某些特色。你的數位足跡不會因為慢運算就從政府監視的窺探中消失。舉個例子，只要國安局的人想做，就能找到方法存取你家中的NAS雲端。簡單說，在數據舞蹈的編舞裡，這一步無法神奇地向你保證完全的隱私。可是，確實讓你能夠從商業儲備中取回數據。僅基於這一點，架構自己的雲端對你就有好處。

混淆視聽

我們對各種邀請的回應很重要，搜尋引擎邀請我們去查看產品評論，或是即將旅行城市的資訊，因為我們的搜尋透露正想買吉他，或是想去奈及利亞旅行，廣告商付錢想知道這件事。有企業追蹤我們的回應，然後把它們知道的賣給廣告商，拿到的收入再投入開發新的追蹤方法。混淆視聽是搞砸這一切的方法之一，即故意使用模稜兩可、令人困惑或具有誤導性的資訊妨礙數據提取。可能包括提供虛假答案、逃避、不服從、拒絕，甚至破壞提取過程等戰術。頂尖的隱私專家芬恩．布朗頓（Finn Brunton）和海倫．尼森包姆（Helen Nissenbaum）指出，有一種形式的蓄意破壞是製造數據迷霧——用一團擴散的數據，讓人很難在假讀數之中發現真實數據；[28]這個策略是把意義藏在無意義裡面。[29]例如，安裝 TrackMeNot 這類瀏覽器擴充後，[30]會在瀏覽器產生許多次搜尋引擎查詢，無論你是否主動。因此當你真正查詢時，追蹤你活動的公司將無法從無數自動生成的查詢中，破解真正的搜尋。對於搜尋的邀請，你的真實回應被隱蔽了，以至於「缺乏可靠的方法來認識真假查詢之間的差異」。[31]有一個瀏覽器擴充 AdNauseam，[32]它會自動點擊網頁上的每一則廣告，讓人無法摸清楚你有興趣的產品是什麼，藉此破壞廣告網絡的追蹤。另一個形式的混淆視聽，是使用一個或多個假名、假身分登入 Wi-Fi 網站、註冊服務。在不同平臺使用不同用戶名與個人資料，會使分辨且彙整單一使用者的數據更形困難。

加密數據和通訊以混淆視聽，有可能逃離數據提取。你的數位裝置和內部的應用程式、經由電子郵件與傳訊工具的通訊，均可經過加密而避開數據提取架構（雖然可能不含政府監控系統）。你可以加密瀏覽與搜尋，一個可行的方法是使用虛擬私有網路（Virtual Private Network，VPN），這個方法可能免費，但通常是付費服務。VPN經由專用伺服器和加密隧道式協定，使用已鑑定遠距存取，可藉此在公共網際網路上有效建立私有網路。這麼做雖然無法使連線完全匿名，至少能提高隱私和安全。[33]另一個替代做法是使用 Tor 瀏覽器。這項技術源自美國的「軍事–產業複合體」內部，在科技專家之間頗受爭議，因為至今仍無法確定國家安全局之類的政府單位能否利用 Tor 追蹤你的行動。而且，假如你是鄰里間唯一使用 Tor 上網的人，風險將會升高。你的網際網路服務供應商會特別關注你的行為，因為要進入所謂的「暗網」和從事不正當、非法活動，也是使用這個方法。[34]但為了慢運算的目的，使用 Tor 上網的優點是能夠在穿行數位空間時，從你的路徑上切斷IP位址（這是你的數位裝置精確的位置，可辨識你或家中的其他人）。這是可能的，因為Tor「利用三具不同的中型伺服器導送使用者流量，（意味）個別、獨一無二的使用者索引被銷毀了」。[35]關於你在網路上移動的數據可能會被掌握，但你的連線被混淆了。由於「你的元資料（metadata）只不過是不受限制、孤立的不知所云」，換言之，你搞亂了數據提取系統。[36]

正因使用Tor是在製造「小問題」，某些網站的運作不會如你預期。經由Tor的網路可能比較慢、比較不便，而且笨拙。目前政府或企業可用來提取我們相關數據的機會很多——從會記錄鍵盤操作的軟體，或是會使用手機麥克風聽到我們交談的應用程式——甚至Tor的使用者無法完全避免數據提取。誠如錢尼－李波特所說：「無論我們多努力想擺脫監控者的懷抱，無所不在的它都能把我們帶回牢籠。」[37]然而，在數位時代，利用混淆數據和搞亂事情來展現「行動力碎片」，是家常便飯式的抵制。像這樣的行動有時會帶來某種程度的不便，但這是如今所面對的現實，我們只能二選一：接受我們在線上的所有行動都是為某些模糊難辨的企業工作，而我們的回應方式被它們貨幣化；或者積極參與「數據抗爭」，這表示我們需要盡一切力量去做。

慢運算為何難以實行？

以上所有戰術都需要持續付出精力與行動，有些必須培養新技能，很容易半途而廢，或者萬事起頭難。為什麼慢運算很難實行？其中確實有許多理由。

首先，很多社會壓力迫使我們必須跟上速度和停留在（滿載數據的）迴路。我們和遠處的親友通訊，數位管道已經成為首選模式。這裡說的遠處可能距離很近：我們認識一些家庭，他們在不同房間的家人會互傳訊息。利用這些科技來安排行程與管理生活，期望別人和自己都能隨傳隨到，想確定能夠瞬間和孩子們聯繫；臨時通知朋友即可約出來喝一杯；能從世界另一頭的家人得到及時的建議；能在社群媒體上與人互動。希望別人在有需要時能找得到我們，我們是社會動物，喜歡接觸與交換，樂於爭論和競爭，喜歡參與感。不上線或無法靠智慧型手機找到人，就是將我們斷離這些網絡。

不查閱貼文或刪除帳號會讓人焦慮，包括：你會錯過朋友之間有趣或重要的交流，或是十五年未見的學校老照片。於是，社會上有強大的壓力要你不斷實行快運算。嘗試實行慢運算則必須重設社會期望與義務，實務上可能很困難，且需要長時間努力。

同樣的，現在有許多老闆和同事都預期你能隨時回覆電子郵件、接聽電話，或是上線編輯文件。你能中斷一頓浪漫晚餐、從音樂會走開，或是暫停度假去處理公事，這才是最重要的。我們對共事的夥伴通常有這種期望，因此會在晚上寄電子郵件給對方，然後預設很快會收到回信，畢竟快速是資本主義的邏輯。我們有變成工作狂的壓力，請不要驚訝：在這種工作文化和綿密的期望之下，想要實行慢運算可是極其困難之舉，更何況你得冒著失去升職、調薪和紅利這類獎勵的風險。然而，我們毋需絕望：即使只是拉回一點點，都有助於取得些許平衡。而且，如此一來可能提高你的生產力或工作品質，這點你的老闆應該會認可。

使我們受制於科技的不僅是社會或工作上的期望，還有結構上的必要性使我們不得不如此。政府要求我們透過數位仲介的系統和它們往來，老闆堅持我們必須使用某一套數位科技來執行工作。這些系統與科技迫使我們以某些方式做事，讓我們向特定管道的數據提取展開雙臂。此處有真實的權力系統在發揮作用，我們不得不依照別人預期的方式行動。我們的抵制很難不會造成更多障礙：需要政府的給付和服務；需要工作帶來的薪資（以及社會性與價值化）。此外，不論要或不要，我們都被納入科技系統，像是監控和特徵分析。這些系統不在我們的直接控制之下，而且可能以不恰當的方式運作。我們很難知道有哪些方式正在運作，更談不上如何提出質疑。想在這種政府與企業權力之前實行慢運算，是個艱難的行動，在個人層次尤其如此。但並非絕不可能，若是集體行動，機會更大，這是下一章會探討的主題。

慢運算之所以很難實行，另一個理由是心理方面。我們或許喜歡快步調的生活，有些心理學家更認為這是內在於我們的生理結構，我們天生就能從快速做事的熱鬧與精力中得到喜悅（雖然會筋疲力盡）。[38]我們已然內化對速度的需求：感覺時間離我們愈來愈遠、時間不夠用、必須盡可能節省時間且得到最高效率。而且，我們已習慣如此，變成奧諾雷所說的「速度化」。[39]意思就是說，習慣快速的步調，以至於減速會讓我們感到閒得很不自然（就像開車時從時速七十公里降到三十公里，會覺得實在太慢了）。沒有工作必須完成，我們很容易感到無聊，不知道如何自處。我們已變得缺乏耐性，網頁開啟時比平常多等幾毫秒，就會覺得厭煩。嘉莉・費雪（Carrie Fisher）說道：「即刻滿意需要的時間太長了。」[40]我們想要什麼，馬上就要到手。慢運算是變得有耐心、接受某種程度的不便、調整注意力，不會一直心有旁騖，以及學會欣賞慢條斯理。然而在實務上不會如此簡單，因為許多數位科技的設計，正是要我們覺得別無選擇與上癮。

許多人每天查看手機上的應用程式幾十次是有原因的，渴望新貼文、訊息、留言的點擊數屢創新高，對使用的平臺上癮了。[41]消費心理學家尼爾・艾歐（Nir Eyal）認為，那些讓人形成習慣、成癮的科技迫使人們一再返回且過度使用某個平臺，都是利用他所說的「勾引循環」（hook cycle）。包括四個部分：觸發、行動、獎勵、投資。[42]

觸發即是鉤子，就是眾所周知的癢處，而數位平臺要幫你搔癢。這個癢處可能是資訊、互動、交換、獲利或其他東西，一旦得到滿足，即可激發情感回應。外在觸發的設計目的是把你帶到該平臺，觸發的形式可能有：付費廣告、電子郵件提示、公關、迷因（memes）及各種形式的點擊誘餌如蠢事或獎勵。它們誘惑的手段是建議我們前往該網站，即可得到某種獎勵（如娛樂、消遣、友誼、免費物品）。內在觸發是指有意識或無意識的意念，提示我們回到某個平臺。你的癢處一直都在，且讓它再次幫你搔癢。我們已經知道可以對某個應用程式期望什麼，而我們想要更多。正是內在觸發讓我們一天要查看社群媒體五十次，最強烈的觸發通常是在無聊、孤獨、困惑、恐懼、失落或猶豫不決時遇到的，此時比較容易接受刺激，而應用程式可提供立即回應，（暫時）舒緩這些情緒。

觸發會誘使你進入第二階段：行動。你遵照觸發而行動，開始使用該平臺——捲動螢幕、點擊連結、敲打鍵盤、上傳檔案。令人上癮的應用程式，行動是流暢、愉快的，而且盡可能容易執行，必要程序的步驟已經被刪減到最少。再者，這些行動是不經思考即可完成的，因此會習慣化。我們能快速捲動時間軸、按「讚」、加入表情符號、點分享按鈕、查看留言且回覆等。為了實現觸發階段的承諾，這些行動必須將你帶向第三階段：獎勵。

所謂獎勵可以是某種娛樂（如迷因）、用途（資訊）、刺激（回應某一則社群貼文或最高分有賞），或利益（折扣或使用者等級改變）。為了讓獎勵習慣化，需要變化無常，於是加入不確定及期望的感覺。假使獎勵一成不變，行動則會變成效果遞減的情感回報，最終不再有人感興趣。社群媒體上，變化多端的獎勵是哪些人、有多少人回應貼文、照片或留言，鼓掌或叫罵的都可以。遊戲中，它可以是得分、紅利點數或晉升隱藏等級、取得祕密武器。從神經學的角度來看，對獎勵的預期和獎勵本身都會產生極大量多巴胺：就是在大腦裡製造一種化學的愉悅感。[43]使整個勾引循環讓人上癮的原因，是活化多巴胺。

行動和獎勵接著轉化為第四階段：投資。理想的投資是從單純的瀏覽平臺，變成積極的貢獻者，幫忙提供內容。一般人比較珍惜他們協助創作的東西，遠勝過只是為他們製造的。透過投資平臺、建立個人資料及增加內容，他們在平臺的成功與否占了一席之地。這點即可形成觸發，想要看到自己的投資表現如何——於是回到第一階段。投資對整個科技產業——硬體和軟體公司——非常重要，它是收入的基礎。這些收入直接來自付費，或間接來自廣告收入和與數據仲介的交易。例如，企業想有收入和利潤，理想的投資不只是時間、勞力和內容，還有訂閱高級服務、在遊戲中購買升等、購買下一代裝置，或點閱廣告。

事實證明這個四部曲循環是數位平臺絕佳的行銷利器，且有助於說明為何有幾百萬人上鉤，天天不停查看電子郵件和社群媒體、玩電腦遊戲和線上賭博，以及網購。[44]線上賭博方面，人們不再以數據交易虛擬獎勵。隨著賭博進行，人們購買超出負荷的東西，會遇到真實的金錢懲罰，最後落得債臺高築和相關後果（家庭困難、失去財物和住家）。數位公司能一夜致富，坐擁百億資產，原因就在這個循環。

這些企業對於此一循環的威力瞭如指掌，難怪它們聘用神經學家和行為學家，試圖保持自身的新鮮感（使用者才不會失去興趣而投入對手懷抱）或讓它們的產品更不可抗拒。這些研究人員透過持續的A／B測試、試驗新的觸發、行動、獎勵和投資，目的是使勾引循環更加完善。成熟的平臺生態系統如Google、Facebook或Twitter，在任何時候往往都有數十個正在進行的試驗。而且，他們擁有一支現成的測試人員大軍：我們。我們的角色就像豚鼠，和各種介面互動，這些介面經過不斷修定，就是為了使我們對平臺保持興趣、對它們的服務上癮，或是願意投資。沒錯，這些試驗可能涉及千千萬萬名使用者。

因此，我們認為慢運算必須了解一件事：這些平臺具有強制、養成習慣和讓人上癮等心理特色。它們提示我們採取的行動，是我們一開始想像不到的（例如和陌生人激辯、一時衝動而購物、訂閱）。

為了干預，我們不需要來一盤「冷火雞肉」（cold turkey）*或刪掉所有帳號，但要過

＊譯注：指戒掉某個行為。

更均衡的數位生活無疑代表我們應該更深思熟慮地管理種種互動。以喝酒類比，我們的建議是飲酒適量即可，不要過度：請想清楚你接受了什麼，以及接受的理由。

即使我們想要嘗試擺脫某些平臺的束縛，但同時享有運算的樂趣，實務上會很困難。因為我們太依賴它們，已徹底和我們的數位生活合而為一。二〇一八年，記者丹尼爾・歐伯豪斯（Daniel Oberhaus）嘗試要過一個月沒有Amazon、Apple、Facebook、Google和Microsoft等科技和平臺的生活。套用他的說法，這是「五大科技公司」。[45]他發現放棄Facebook和Apple相對簡單，不會思念社交網絡，也不當Apple的使用者。他長期使用Microsoft的作業系統及產品，因此轉移到Linux和開源替代品，他試了一段時間，憑藉堅持不懈的精神克服障礙（如果他是Apple的使用者，一定也能如此）。至於另外兩家就比較困難，固然可以到別的網站購物，但有非常多網站和服務都是寄存在Amazon雲端。此外他發現根本不可能逃離Google，部分原因在於他用到太多Google的服務，而且他的手機是Android系統；另一部分原因是他的老闆同樣依賴Google。實驗過後半年，歐伯豪斯已順其自然回到Microsoft的作業系統、恢復一部分Amazon購物，而且依然和Google的生態系統難分難捨。他和這五大公司的黏著，有助於說明五家公司在二〇一八年的總市值高達三兆美元。[46]然而，他已經成功改變自己的運算習慣，尤其是使用開源替代品，為他減少一些數據足跡和身影。

最後一個理由，是很難想像怎樣的生活和社會能替代現在所生活和居住的。你或許會欣賞我們推廣的慢運算戰術，因為它們能對你有所幫助；可是很難要你相信它們能徹底改變社會的本質。這些戰術看起來比較像是對應之道，並非重大干預。而且，即使它們能造成一些改變，對於無所不在的勢力，畢竟仍是相對微小的抵制。馬克．費雪（Mark Fisher）曾解釋資本主義做為政治經濟，其適應能力強大的原因。他認為資本主義營造一種「無所不在的氛圍」，已深刻地和我們的思想與行動密不可分，就是把資本主義視為唯一可行的系統——即自然秩序——以至於非常難以想像其他系統，更別說實行了。[47]琳娜．鄧希克（Lina Dencik）借用費雪的觀念，認為監控資本主義完全嵌入社會，同樣被視為理所當然。更麻煩的是，這已變成常識。[48]從這個意義來看，它已是霸權：也就是說，已徹徹底底制度化及正規化。運作起來不必訴諸脅迫，因為它被當成天經地義。

換句話說，「數據正統」已然形成。蓋文．史密斯（Gavin Smith）解釋「數據正統」時說，這種狀態中，這個數據導向的社會和經濟現行的配置與運作方式，已經被正規化，被視為必要且合法，以致難以撼動。[49]史密斯認為，有三種基於數據的關係有助於形成正統感。這三種關係調解著我們如何理解、接受且內化它們的邏輯，以及它們如何被公認是事物理所當然的模樣。首先是物化（fetishization）：數據被賦予廣泛的價值，被視為無數社會問題的唯一解藥，以及二十一世紀經濟成長的關鍵動力。社會與經濟成長當然符合我們的最大利益，誰能反對？其次是習慣化（habituation）：數位裝置／數據已經和我們的生活密切結合，於是很難想像沒有它們的生活。第三是魅力化（enchantment）：我們被數位科技的力量深深吸引，它能增強日常生活的各個方面，且變得更有活力。即使數位科技有任何負面影響，我們也能欣然接受。總之，這三個基於數據的關係使我們渴望且接受目前的數據導向正統，無視任何弊病。而且，它們藉此不斷維持現狀。它們確實發揮作用，使得我們難以想像或夢想替代選擇。

想要反擊加速與提取，看起來就像愚公移山或夸父追日。假如你最終仍必須臣服於萬事萬物的自然之道，那麼反抗加速和提取還會包括一種「何必多此一舉」的感覺。數據正統讓人沒有能力也沒有興致尋求替代品，有一點非常重要：費雪、鄧希克與史密斯透過這些實例提出相同論點，就是關於社會如何組織與運作，沒有什麼無可避免。誠然，抵制與改變的首要之務是認清政治經濟當中的偶然性——對重新想像及重新打造敞開大門。快速的生活與過度的數據提取不是萬事萬物的自然之道。我們可以個別反擊，發揮行動力嘗試開創喘息的空間和不同的生活方式。我們也能集體行動，利用社會、文化政府、監管或法律等手段，轉變社會。所以，實行慢運算是施行解放政治的一項成分，能「化不可能為可能」。[50]

簡而言之，我們需要不斷探索慢運算。有時會感到困難，但也會有回報。偶爾會覺得像夸父，想要進行一場註定失敗的追逐，而且想堅守底線也會很難。但有一個應該謹記的關鍵：實行慢運算時，即使只做得到一部分，對你的和他人的幸福都有正面影響，我們有可能想像與創造個人和集體的改變。

慢運算的一天

毫無疑問，慢運算的一天需要不同運算方式。需要在許多方面調整習慣，有不少是你已經在做的，至少在某種程度上是這樣。很多人正在遠離急急忙忙奔向社群媒體和智慧型手機的生活，以及不斷提醒新電子郵件與訊息抵達的叮叮聲。抗拒邀請，不參與數位生活呈現在我們眼前的回應連鎖，能幫助我們索回時間，甚至還有在充滿數據的世界裡遺失的隱私。隨著聽到更多關於新興數位社會形式的消息，實際上有愈來愈多人正在追蹤數據編舞，且實行一些數據舞蹈，但如何才能研究出應該跳哪一種舞？

回到二〇一五年，我們之中有一位作者和其他研究者合寫兩篇論文，主題是關於數位科技對日常生活的影響。第一篇詳細記錄三個人一天的生活，三人的年齡與背景都不同。我們記錄他們從起床開始到上床睡覺，這期間所遇到的數位科技。[51]第二篇論文是以皮夾的內容做為材料，從收據、駕照、信用卡、會員卡、鈔票等物品的獨有編碼，檢視這些編碼如何被用來納編及掌握我們和用品，以及在數據導向系統進行的交易。[52]這兩篇論文都是採用審查法，揭露且思索當時的數位科技如何重塑我們體驗世界的方式。

我們認為執行類似的審查或許很有用，可做為實行慢運算的第一步。這個方法的實行步驟有三：第一步是記錄日常生活中，你在每個領域所使用和遇見的所有數位科技——家中、工作、街道、旅行、消費、遊玩等都算在內。其中有些是你直接選擇使用，如智慧型手機或智慧電視，它們製造數位足跡。有些不是你的選擇，你只是遇到，例如監視系統，它們製造數位身影。請記住，有些數位科技是在背景運作或隱藏，例如智慧型量錶、現代汽車（在車輪的一組高效能電腦），或是追蹤手機位置的感測器網絡。針對智慧型手機和電腦，請詳細記錄你使用的特定應用程式與軟體。建議你把這個練習當作寫日記，選擇典型的一週持續進行。這個時間長度能夠捕捉到你的規律活動，以及比較偶然才做的事。這份日記會讓你知道，一週來每天在每個活動和每次相遇花了多少時間。你可以將它當成正式日記，一邊生活一邊記錄遇到的數位科技，或是每天結束時再來編排。或者，你可以用心理練習的方式來做，憑記憶記錄一週以來典型的日子。無論採取哪種方式，都不應該花太多時間。假如騰不出時間，正好表示你需要擁抱慢運算！

等你完成審查練習，需要進行慢運算的第二步。本項練習偏向反省，請你思考這些科技對你的日常生活有何影響。拿一張紙劃分為五欄：第一欄條列你遇見的每一項數位科技，依經常使用和遇到的頻率排序。第二欄詳述每項科技如何影響每天的時間安排，正面和負面都寫（例如節省時間、提高效率、可多項工作並行、缺少家庭時間、感到被煩擾和壓力），或許可以思考整體利益和代價（例如更有成效、對快樂或健康的影響）。第三欄是從慢運算的角度看，寫下這一切會變成什麼樣子：以花費的時間和結果而言，每一項的理想狀況為何？第四欄，寫下每一項數位科技產生的數據，以及你認為那些數據的用途是什麼。第五欄，記錄每一項科技在慢運算的日子會如何改變。我們在本章的討論提供一些建議和戰術，從加速和提取的角度來說，你應該會發現這些數位科技有的相對無害、有的是因為加速的性質而製造很多問題，有的是因為數據提取，有的則是兩者兼具。也有一些數位科技具有矛盾的特色，一方面令人愉快或富有成效，卻同時造成過度負擔及壓力。而且，有的科技比其他的更容易應付。

第三步是思考如何採行慢運算生活風格，以及計畫慢運算將會如何改變現有的日常活動及數據行為。我們認為第二項練習會很有用，尤其是第三和第五欄，可輔助你規劃理想的慢運算工作日、週末和假日。需要用到第二張紙，將它劃分成兩欄。第一欄是你設想的每日時間表，這是應付加速的計畫。第二欄是你打算如何與每項數位科技互動，或是建議的替換科技是什麼，這是你為提取所規劃的解決方案。我們不建議將這些內容視為一成不變的樣板，把它們當宗教一樣信受奉行。人生如流水，因此難以逆料，變化自如和機緣巧合都是有益且值得追求的。你所提議的計畫和解決方案，只是取回控制權的試金石，為你建造一個可望實現的均衡數位生活。

這些練習的目的是為均衡的數位生活提供一份路徑圖，協助你遇見新的入口和機會。它們是關於你的數位生活，要求你根據自己重要的社會關係及網絡，重新評估你能靠自己、用自己的節奏做到什麼。

雖然過慢運算日子無疑是指獨自做出各種新決定，但也會涉及別人。首先，慢運算是希望能充分利用別人開發的科技，然後將它們安裝在我們的裝置或融入我們的數位生活。我們已經強調其中幾種科技，還有更多正在形成。數位社會和數位生活的面貌變動不居，我們的反應在未來會如何發展，攸關我們追求慢運算的能力。對這些發展隨時保持警覺，將會有所收穫。因為，凡是出現新的功能或裝置企圖將我們吸入加速和數據提取，通常會有一些逆功能或「外掛」，可以用來保護自己的能力，藉此控制如何體驗運算的樂趣。基於這些理由，我們認為若是能在團體、職場和機構實行慢運算，改變我們在數位空間共同存在的方式，慢運算成功的機會更大。有一項集體元素驅動著似乎永遠開機的邀請，要我們參與回應連鎖。

個人的存在與行動，一向與廣大的限制和功能結構有關。宣揚你或我們能做什麼，是非常重要的。社會改變當然需要個人依自己的條件而行動及創造變化，但必須強調的是，我們不可忽視廣泛的場景：就是社會發展，以及相對於一般習慣、行動和觀念下，個人所在的位置。

簡單來說，過慢運算的一天——創造慢運算生活——促進我們所有人集體行動以改造數位社會，所以，我們現在必須轉向集體努力的主題。

CHAPTER 5

集體慢運算

星期五，下午五點。剛剛發生一件最奇怪的事，管理部門寄來的一封電子郵件：「根據公司的新工作—生活平衡策略，電子郵件客戶端將於本日下午五點三十分關機，且於星期一上午八點三十分重新開機。凡於週末期間發送之訊息將於客戶端保留，另於星期一上午傳送。本公司要求全體員工享受週末之樂，管理部門正多方探尋於週間上班日夜間亦關閉電子郵件系統之可能性。」你摸不著頭緒，他們是不是中邪了？一名同事順便來訪，顯然這是工會促成的，管理部門之所以欣然同意，是看準這次公關良機，地方新聞頻道正在報導這則消息。總之，這件事是傑出的一手，辦公室裡正一片譁然。

如果有任何公司採行這種措施，一定會令人難以置信，對吧？或者，若有哪位老闆在公司的電腦安裝開源作業系統，且鼓勵員工使用 Tor 瀏覽器上網，同樣令人驚訝。但是，何不想像這種集體追求慢運算的事真的發生了？減速的數位生活要求個人調整自己的各種做法，

藉由創造數據舞蹈的個人編舞，保障數據主權。但是，最終需要的是集體慢運算。職場和任何一方一樣，都可以是開始實行慢運算的場所。事實上，以「工作時間漂移」這個現實而論，只剩很少場合適宜實施慢運算的緩慢精神。所以，我們在這方面向法國的「離線權」（right to disconnect）政策致敬，該行動類似上述虛構的例子裡提到的。法國員工超過五十人的公司，員工有權爭取在某些時候沒有義務檢查電子郵件或簡訊。[1]其他司法管轄區的公司，也已實行類似的政策，目標是保護員工免於壓力方面的疾病和過勞，確保他們能得到適當的休息。例如福斯（Volkswagen）汽車會在下午六點到上午七點之間，封鎖寄到員工手機的電子郵件；戴姆勒（Daimler）汽車公司在員工休假期間會允許自動刪除所有新郵件，[2]這些都是朝著正確方向的進步。

本章將要告訴你，未來有無限可能，只要各領域的人願意集體追求慢運算：包括產業、政府、公民社團、非政府組織，此刻正是探討這些可能性的大好時機。愈來愈多人開始意識到自己深陷在回應的數位鎖鏈之中，而且隨處都會遭遇數據提取。我們周遭逐漸成形的數位社會衍生種種問題，這些問題日益顯著，也看見數位社會內在的緊張前所未見。如今時機已到，我們不僅致力於個人調整，也要開始考慮更廣泛（可能達到社會層次）的行動，能夠既歡迎運算的喜悅，同時擁有新的控制能力，可決定我們喜愛的「裝置癮」應該有什麼貢獻。

以下篇幅，我們的重心放在集體慢運算的實踐動力學。首先檢視慢運算做法與權利，以及打造慢運算空間，這是集體減速的措施中，兩個相連的環節。我們集中討論工作場所的某些議題，但也會提及其他生活領域可採取集體行動的許多機會。如果能集體努力，我們指出的機會有很多都在能力範圍之內。其次，我們討論擺脫數據提取的集體行動。值得強調的材料很多，一開始談到產業如何改變，才能帶頭自律以解決數據提取的負面影響。接著思考政黨和政府，他們可扮演的角色是推動保護人民的政策與法規。最後，我們考察社區、公民社團和非政府組織如何以務實的政治手段促進數據主權。這些手段包括對企業和政府施壓，要求解決數據提取的有害影響。

集體致力於擁抱慢運算，對整體世界的意義為何？本章的第三與最後部分，將討論其中的部分議題。慢運算的世界會是什麼樣子？真的是我們想要居住的世界嗎？儘管數位科技有諸多缺失，也創造新的可能性，令人興奮不已，值得打造一個慢運算的世界嗎？

一起慢下來

此處慢運算的「慢」再次成為關鍵，我們呼籲大家一起思考，反省如何成為加速的一分子、探索如何共同改變做法，讓腳步慢下來。我們的挑戰在於找出具體方法，重新獲得對數位社會的部分控制權。我們認為，必須為團體的所有成員（如員工）培養慢運算的做法與權利，以及製造慢運算空間，在這個空間裡我們能進入或離開快車道。我們的焦點是工作場所，它是實行慢運算的前線，採行集體措施既有可能也有必要。然而，請注意這些觀念可應用在家庭、朋友圈和公民社團方面。

慢運算行為與權利

想集體培養慢運算做法，需要認真改變工作場所內的思考模式和一般慣例。與其提高對工作時間的期望、重視對勞動力的剝削和追求快速運算，不如將注意力轉向工作品質、工作場所滿意度和員工健康，認可這些將會提高員工的責任感和生產力，且能減少工作天數損失和員工流動。管理人員和員工可共同探討如何在日常工作中奉行慢運算原則，而非屈服於加速的誘惑而採用新軟體或自動化工作流程，或者推出新裝置鼓勵工作時間漂移。這不僅是關於斷線或拔掉插頭——不只「數位排毒」而已——因為慢運算的核心仍是運算及數位生活的愉悅層面。問題是：如何在快速反應連鎖激增的環境中創造緩慢；如何指出何時、何地可採取集體行動慢下腳步，且既能讓員工有喘息空間，又不會損害其他人、工作場所的整體生態，以及工作場所的底線。

為了找出哪些措施能讓工作場所減速，第一步是觀察眾人在何時、何地參與加速的行列。例如，如果資訊流居於中心地位，可限制一般資訊發送的時段：資訊不像電子郵件或訊息整天傳來傳去，不論資訊是在何時備妥可供分享，中央管理員都可以按兵不動，等隔天一早再統一發出去。即使是資訊流已去中心化，組織可鼓勵其成員在白天期間只傳送緊急資訊，至於非緊急部分就當作從前那種「晨間新聞」傳送。

再深入一點的做法將會導向慢運算權利，本章開頭說到，有些和我們想法類似的事情已經發生。正如法國、義大利的立法人員，以及某些知名公司（最著名的有德國大型企業如 Allianz、Bayer、Daimler、Henkel、Telekom 和 Volkswagen）所提出的，員工有離線的權利，亦即賦予員工在非上班時間可保持離線的權利。[3]相對於廣泛轉向隨時待命的通訊模式，這稱得上是重要發展，雖然其中有限制條款和漏洞，懲罰很輕微。接受這項權利，表示人們愈來愈清楚：整天被手機或其他裝置束縛，以及不停參與回應連鎖，先是對員工有害，然後是企業遭殃。新自由主義心態輕則攻擊員工團結的觀念，最惡劣的是為反工會立法辯護。相對於新自由主義對個人責任與自治的態度，認為員工享有離線權利的主張，其激進的程度超過許多批評家的認知，而且有相當多理由。

離線權的觀念需要進一步引申，員工才能得到更大的慢運算權利。此處我們先考慮神經多樣性，[4]尤其是每名員工對於加速的感受可能不盡相同，整天響個不停的叮叮、嗶嗶、各種要求，以及必須即時回應，可能對某些人非常有害。學習與工作的風格人人有別，但我們往往通訊服務 Slack 或專案管理環境如 Microsoft Teams 靠近的傾向，忽略、企圖抹滅其間的差異，假設每個人都可以、也應該以相同的步調與強度參與工作。呼籲慢運算的權利是看見工作場所採用的各種科技已經走過頭了。下班後擁有離線權，本身是有必要的行動，但還不夠。

許多公司想維持現狀，以工作時數及工作條件來說，確實想要進一步削減員工權利，因此員工想取得這些權利，不太可能只靠企業主和管理人員自動自發就行。反之，我們需要提出交涉，針對加速的限度取得一致的意見。換句話說，必須集體協商工作時數、工作時間安排，以及公司方面如何使用「數位鎖鏈」。至於協商的進行，可以由工會提出、各行各業都有員工在個別公司內談判，或者透過政府法規及立法。目前在各個司法管轄區的工作時數權利大有不同。以歐洲為例，共有四個工時制度：純授權（由國家規定）；調整式授權（由國家規定，配合與行業及企業協商，或與企業及個人協商而調整）；協商（輕度授權國家，主要由行業協議主導，配合企業和個人協商而設限）；以及單邊決定（由行業、企業和個人之間協商）[5]顯然，各個司法管轄區能實現的慢運算權利，會因背景不同而有範圍大小之別。

但未來修訂時，不應該忘記爭取慢運算權力的企圖心。

慢運算空間

我們建議減速的集體措施中，可包含擁有慢運算空間的協議，慢運算空間的優點是員工可在這裡分享觀念、寫作、規劃專案，或者進行分析，甚至只是放鬆、喝杯咖啡或吃午餐，而且沒有網路連線。過去二十年來的趨勢之一，是把 Wi-Fi 延伸到無所不在。許多人很樂見這種發展，一旦在公共場所找不到 Wi-Fi 熱點，馬上會沮喪不已。Wi-Fi 科技被我們正常化了，無論走到哪裡，都將它視為理所當然。不妨想像一下縮小它的涵蓋範圍！但假如慢運算是值得集體擁抱的價值，或許這是必要之舉。公司的餐廳、大廳，或是聚集員工的其他場所，慢運算的集體行動可以是關閉 Wi-Fi 路由器，且在此地豎立告示牌，說明這裡應是慢運算區，請勿連網。而且，鼓勵大家定時來這裡放鬆及充電，或者不受打擾地專心工作。

當然，沒有 Wi-Fi，許多使用者只需切換成手機上網即可連上網際網路，除非能建立禁止上網的新規範。這種區域和現今某些火車上設有靜音車廂（quiet carriages）的做法類似。但應該提醒的是，實現這種區域絕非易事。想達到這個目標，必須有個人或團體下定決心改革業已正常化的習慣，將他們的擔憂和想法傳達給決策者或委員會，然後透過告示牌或日常實踐等做法，讓大家知道打造慢運算空間來擺脫裝置癮的意義何在。

因此還有一個更激烈的做法：將慢運算和建築的架構合為一體。例如荷蘭建築師雷姆・庫哈斯（Rem Koolhaas）有過這樣的提議；[6] 義大利建築工作室 Space Caviar 呼籲在建築裡納入「選擇性電磁自主的空間」；[7] 還有 Sibling 建築公司做過示範，他們設計「開／關盒」（On/Off box），就是在工作場所製作一個法拉第籠（Faraday cage），裡面可以阻隔所有電子訊號。[8] 這類建築措施正在美國舊金山的某些住家實現，他們「在所有內部裝潢的表面塗上厚重的石墨基油漆，再用導電膠帶連接牆壁、地板和天花板，形成大型網絡。最後，在窗戶包上透明的抗電動勢膜＊。」[9] 徹底隔絕連線確實是很極端的做法，但減速的集體行動或許需要一番激烈的干預。當企業或機構要蓋新建物，也許可以呼籲進行協議，創造慢運算空間：與其依循物聯網模式，將每個裝置與家電用品納入連線，更精明的做法或許是設計出可促成慢運算的空間。重點在於：置身這種空間裡，即使連線的行為不是出於壓力而是誘惑，都會被打消。

＊譯注：此類產品具有防輻射、防靜電、防盜刷卡、隔離電磁、阻斷訊號等作用。

從個人數據主權到集體數據主權

挑戰數據提取架構意味建立更大的數據主權，必須透過個人層次（見第四章）和本章所討論的集體層次雙方面的努力。除了「數據舞蹈」的編舞，我們亦迫切需要找出且實踐更廣泛的措施，在系統裡製造「小問題」，達到慢運算的目的。但在行動時必須牢記其中的問題很複雜，涉及眾多參與者和利益相關者，包括：數十億個人使用者，有無數帳號及個人資料，分散在形形色色的平臺；企業，製造數位裝置及服務，讓它們能從採集數據獲利；政府監管人員，宣稱要控制正在發生的一切；公民社團的影響團體，監看且挑戰這個領域的行動；以及抗議數據監控的社會運動。針對不同議題，這些參與者和利益相關者透過各式各樣的重複行動及交鋒，共同挑戰當前數位社會和經濟的本質。

我們將會簡述其中一部分令人讚賞的觀念與做法，它們產生的集體行動可打擊數據提取，強化這一主軸的慢運算。有跡象顯示，當前數位社會的本質在未來能以富有成效且積極的方式發生轉變。然而，在慢運算的道路上，有無數強大的勢力構成艱鉅的阻礙。儘管有那麼多誇大的宣傳和公關辭令——承諾不會作惡；企業與政府矢言保護我們的隱私——驅動社會的力量依舊是基於數據提取的商業模式與治理架構。為了建立數位主權的集體行動必須和科技公司合作（不只 Amazon、Apple、Facebook、Google 和 Microsoft 這五大，而是上自大型企業，下至新創公司的整個生態），但必須認清這些企業真正的風險是什麼。本節的主旨是探討集體合作及挑戰數據提取的方法，藉此開創更能適應慢運算原則的數據景觀。我們的討論分為三個單元，分別針對：一、科技公司能做什麼；二、政府、政策、法規和法律需要扮演的角色；三、社區、公民社團和非政府組織的角色。我們認為，沒有任何一方能獨自解決數據提取所造成的憂慮。在前往慢運算的路上想要有真正的進展，以上三方面的角色必須主動且同心協力。

我們既不是要終止或拆解數據導向的社會或經濟，也不是要實施粗暴或昂貴的解決方案。與其毫不必要地限制，我們所設想的是制定均衡的回應、彼此的共識、合作，以及雙贏的局面。同時，我們認為需要採取干預措施來縮減某些做法，而有些干預措施必須具有法規性質。誠如茱莉亞・安格溫所說的，我們不能期望簡單地「交出全部數據就『大功告成』」。[10]企業和政府必須看得出民眾的真正憂心之處，採取負責任的行動，為社會謀福利。所以，我們的重心是實用主義、務實及政治的干預措施。

產業的角色

企業當然是驅動數據提取的重要力量，如果能夠改變數據採集與隱私方面的原則及做法，導入以市場為準的解決方案與自我管理，且調整商業模式，將會帶來深遠的影響。數位產業寧可自我管理，也不想受到限制性法規干預。它們認為正式的監管會造成不必要的繁文縟節和財政支出；而且，市場一方面有能力採取負責任的行動，另一方面會自然而然地自我規範，因為害怕失去顧客及市場占有率。[11]這個論點有幾個問題。首先，它假設每個人都清楚且了解任何可能發生的數據濫用，即使這些濫用行為大多發生在暗處；而且，假設不高興的話，人人都能自由選擇改變習慣。事實上有些公司已實質壟斷市場，消費者很少有其他同等服務的選項。其次，雖然有部分企業具道德和良心，能確保隱私。可是，供應商別有用心而惡意傷害隱私權，或者在數據安全方面粗心大意，這些問題仍無法靠市場規範解決。第三，有證據指出，一般而言，企業只會改變隱私政策來偏袒自身的利益，或者不得已時才會遵守法律和法規。[12]許多情況下，確實有隱私政策更新條款和條件，目的是涵蓋更廣泛的數據生成和數據使用，且進一步限縮公司的責任。第四，許多公司積極透過遊說的手段，企圖減少數據保護規定，避免這些規定解決第三章討論過的那些問題。社會所需求的，它們不歡迎。

最後一點，大量證據顯示，與科技公司的數據提取行為相關的負面消息一再出現，即使科技公司內部知道，建立數據儲備後賣廣告及開發智慧財產，這種做法已經誤入歧途，但大多視若無睹。有一個實例足以很好地說明這種內部覺悟，山迪·帕拉奇拉斯（Sandy Parakilas）在二〇一一年到二〇一二年間於 Facebook 擔任營運經理，自稱任職的公司「重視從用戶蒐集數據，甚於保護數據免於被濫用」。[13]重要的是，這個問題超出 Facebook 公司的範圍。其他公司的應用程式開發人員不必違反 Facebook 的規定，即可從它的用戶蒐集到大量數據：「一旦這些數據離開 Facebook 平臺，Facebook 就看不見也無法控制。」《紐約時報》報導，Facebook「和至少六十個數位裝置廠商建立數據共享夥伴關係，包括 Apple、Amazon、BlackBerry、Microsoft 和 Samsung」，使許多科技公司得以蒐集和分析用戶數據。[14]因此帕拉奇拉斯認為，Facebook 取得個人數據的實力，以及默許和其他公司共享數據，形成「危險組合」，我們必須有更強大的監管才行。他在二〇一二年辭職，離開 Facebook。

大約同一時間，Google 的產品經理崔里森·哈里斯（Tristan Harris）也對自己所見產生反感。他發表且與其他同事分享一份簡報，警告產品開發志在鼓勵上癮行為，是嚴重的問題。他的簡報特別批評有些科技故意製造分心，「呼籲 Google 能從中減少干擾的頻率、將各種通知整理成批次摘要，以及在查看手機的過程中插入不順暢的步驟，鼓勵人們少用」。[15]哈里斯進一步成立人道科技中心（Center for Humane Technology），目標為「重新調整科技與人性的最大利益」，獲得一些意見領袖級知名顧問支持，如羅伯特・陸思提格（Robert Lustig）、吳修銘（Tim Wu）和凱西・歐尼爾（Cathy O'Neil）。[16]該中心反映一個現象：矽谷內部某些人已意識到我們需要更平衡的數位生活。它呼籲建立一種新的設計倫理，打擊傾向於鼓勵上癮、鎖定兒童，以及挑戰民主規範的科技趨勢。它呼籲個人「採取控制行動」，例如刪除手機的社群媒體、在臥室外面充電數位裝置，或者減少螢幕首頁的應用程式數量。本質上，就是呼籲個人追求慢運算。

以上實例除了提出實質問題，突顯科技公司員工的部分行動力，他們能從內部挑戰公司的願景、使命、價值觀、方法、商業模式、策略夥伴關係，以及產品設計。員工有機會影響公司內部的辯論、能引導他們所在的下屬單位如何工作，進而影響上級公司整體的運作。我們承認這樣的影響很小，而且只是個人層次。可是，如果開始有許多員工都在說類似的事情，或者一起行動，他們將影響整個公司。在科技產業任職的員工，任務是促使產業改變其基礎道德與慣例。畢竟，當我們思考這些企業所追求的是何種科技，會讓我們覺得整局比賽才剛開始而已。它們的開發方法和未來的運作方式，都還有很顯著的改變空間。過度數據提取的行為長久維持其核心地位，絕不是無可避免的，慢運算確實將會成為下一個「殺手級應用程式」。

Facebook、Google和其他科技巨頭如Apple已公開表示，它們的最新科技將會反映這類抱怨與擔憂。Facebook的執行長馬克．祖克柏（Mark Zuckerberg）保證會加強隱私和安全流程。Apple已經將Screen Time設為iOS 12的一項功能（於二〇一八年發表），宣稱將協助使用者控制裝置使用時間。二〇一八年，Android 9 Pie上市，Google為了回應上癮的擔憂，宣布一項有關「數位幸福」工具的消息，這些工具讓使用者有辦法減少被干擾和收到通知的次數。[17]表面上看，以上這一切有許多地方值得稱道。這些發展近似哈里斯鼓吹的「人道科技」，這些措施反映出科技公司在創造熟知慢運算的結果；然而，我們同時不禁對其中的反諷失笑。Google這是鼓勵大家使用它們的手機，或者Google的Smart Assistant，當作克服沉迷網路的解藥。而且，這家公司的全體生態系統即是基於數據提取，然後用來賣廣告及開發智慧財產。儘管這些措施令人欽佩，但在數位提取活動密集的景觀之下，像Google的數位幸福策略這類努力，顯得只是次要功能。

驅使這些企業走向慢運算的，與其說是自律，不如說是競爭。有些企業將使用者的隱私和數據安全視為獲得競爭優勢的手段，因此開發隱私與安全的協定及工具，吸引客戶離開其他供應商。[18]例如，有些企業正在開發的產品只具備有限的追蹤或特徵分析功能、採用端對端加密，或者支持設計化隱私（在裝置裡的數據即預設為隱私，而非預設為開放，因此只有經使用者同意才可分享）。Apple 藉由推廣強化隱私的生態系統，在這方面脫穎而出。雖然這家公司對數據極其饑渴——它的智慧財產隨著對於使用者如何利用裝置的認識而成長——相對於它賣應用程式、內容（例如音樂和書籍）和裝置的獲利相比，它的廣告業務只是小弟。因此，它有本錢推出及強調加強隱私的功能，例如 Intelligent Tracking Prevention（為網際網路使用者提供新等級的隱私），雖然廣告公司正設法找出因應之道。[19] Apple 也推廣加密方式，為使用者提供更多隱私。由於開源平臺日益流行，專用系統必須轉向設計化隱私模式，才能留住付費客戶。

最後，我們要提到的一項發展是所謂的「去中心化網路」（DWeb）。業界的某些參與者，例如萬維網的先驅提姆·柏內茲-李，他認為網路的核心特色，包括無所不在的數據提取和壟斷式專有平臺，證明中心化網路的瑕疵，如今網路完全被少數巨型的強大企業主宰。[20] 他們認為如果去中心化網路成形，監控資本主義出現的基礎可能會受到干擾和顛覆。問題的關鍵在於讓使用者能夠根據自己的條件，建立及移動數據，不必依賴專有系統及架構，或者甚至與它們互動。因此，架構 DWeb 的目的是創建新的協定和平臺，這些協定和平臺可將控制權分散到去中心化的使用者手中，且在他們建立和使用數據時保護隱私。例如依現有的模式，如 Google 或 Facebook 這些公司擁有關於使用者的巨量數據，且集中儲存在它們的伺服器。DWeb 與之不同，是將數據存放在本地，透過同儕間連線分享。[21] DWeb 不使用 HTTP（HyperText Transfer Protocol，超文本傳輸協定）這類系統來尋找位置固定的數據，而是根據內容而尋找資訊，表示資訊可能同時儲存在好幾個地方。[22] DWeb 的使用者將可擁有及控制自己的數據，達到打破中心化數據庫的效果，第三方會更加難以探採這些數據。Google 或 Facebook 會用到我們的數據，或是簡短分析其中一部分，找到如何提供服務的線索。但是，它們不再能夠永遠擁有這些數據；也無法予取予求地一再切分它們，企圖找出廣告或產品開發的提示。[23]

我們認為 DWeb 的願景完全掌握慢運算的原則，但要實現這個願景不是易事。首先，假如採用 DWeb 的使用者不夠多，就不會有足夠的開發者加入或有可行的商業，於是任何應用程式或軟體都很難成為主流。[24] 然後，是以下問題：大型科技公司會歡迎或（更有可能是）反抗 DWeb 應用程式？如果這些應用程式真的損害到它們的數據提取基礎，這個問題更形重要。最後一點：威權政府（甚至已習慣新監視權力的「自由」政權）不會喜歡 DWeb 的想法。正如 Signal 和 Telegram 等加密通訊應用程式的使用者所發現的，有一些政府有意打擊安全服務無法監控的通訊形式。[25] 基於監控和犯罪調查的目的，政府政策會偏向保留數據。可是充滿加密的主流網路是在國家之外運作，如同漠視國家的政策。

政府的角色

關於數據提取，政府具有雙重角色。一方面是重要的數據生產者（往往過度生產），希望能利用這些數據來管理及治理社會。以這個角色來說，政府往往找私人服務完成它的授權。另一方面政府可依據數據採集、處理和使用的相關法規和法律，向企業及其他單位究責。在代議制度的民主政府，這兩種角色的目的是實現人民的意志。換句話說，政府應服務人民。假使我們渴望更多隱私，政府就應該實施新政策和法律，且指揮公務員以行動確保政策和法律的要求被滿足。畢竟政府是我們選出來的，如果無法實現我們的期望，亦可投票罷免他們。我們的抗爭、遊說和投票模式，可促成特定的政策。當然，政府也試圖促進經濟發展和繁榮。如前文討論過的，在數位領域，商業利益和整體社會的需求可能發生衝突。而且，社會上有些團體可能偏好以不同方式解決問題。政治人物和公僕在制定政策與法規時，必須廣泛瀏覽複雜且往往互相矛盾的民意景觀。

在管理數據方面，政府有其義務，且有些重要法律的目的，即是為了保護隱私及避免數據被不擇手段使用。公平資訊實施原則（Fair Information Practice Principles，FIPPs）係經濟合作暨發展組織（Organization for Economic Cooperation and Development，OECD）於一九八〇年首次出版，近年來已成為許多國家隱私與數據保護法律的基礎。

ＦＩＰＰｓ包含八項原則，規定關於個人數據的生成、使用和披露的要求，以及數據控制者的義務：

通知：告知個人該數據已生成，以及將使用於哪一目的。
選擇：關於數據是否及如何被使用或披露，個人可選擇參與或退出。
同意：數據之生成與披露須經個人同意始得為之。
安全：應保護數據免於遺失、誤用、未經授權存取、披露、變更及銷毀。
誠實：數據應可靠、準確、完整及最新。
存取：個人得存取、檢查及驗證本身之數據。
使用：數據限用於生成時之目的，使用目的之每次變更應告知個人。
責任：數據持有人應負責確保上述原則且建立機制以保證遵循。[26]

在大數據時代，這些原則有許多受到侵蝕。部分原因是關於新科技的進步和普及，部分則是因為數據控制者和處理者故意無視它們，還有部分原因在於數據業者積極遊說以限縮法律責任與一般責任，且擴張他們可以從數據提取的價值。時至今日ＦＩＰＰｓ難以在實務中應用，而且一再被規避，這個事實正好突顯有必要重新思考與修訂這些原則。歐盟在新頒發的《一般資料保護規範》（GDPR）中已確認這項需求，其他國家如美國、加拿大和紐西蘭亦然。[27]例如，美國的《消費者隱私權法案》（Consumer Privacy Bill of Rights）是為大數據時代使用的修訂版FIPPs，雖然該法案從未啟用。[28]FIPPs和想要使它們成為法律的嘗試，是可供政府採行的重要方法，在數據提取方面協助實行慢運算。

政府可以代表我們做許多事，我們能夠且應該鼓勵它去做，其中一件是提倡設計化隱私。雖然有法規和法律遵行可確保業者和地方政府透過正確、公平地處理他們生成和管理的數據，履行在隱私方面的義務，但設計化隱私是提議預設隱私的操作模式。[29]既有模式預設可採集數據，而且所有數據皆可使用。然而在設計化隱私模式，所有數據都是保持隱私狀態，除非使用者明確表示放棄。換句話說，隱私是直接編入設計規格、基礎設施、商業慣例，以及科技用途。[30]在歐盟、美國聯邦貿易委員會（US Federal Trade Commission）和許多全國資訊／數據保護委員會，都支持使用設計化隱私。

最近，設計化隱私模式已被歐盟的《一般資料保護規範》接受且納入。自二〇一八年五月起，凡是在歐盟境內營業的公司必須嚴肅思考其數位裝置與服務如何產生數據，以及如何在所有階段保護該數據，使用者才不會在無意間產生數據流，進而遭企業利用。此處的核心面向之一，是預設化隱私（privacy-by-default）觀念，要求企業進行「隱私影響評估」，確保隱私不會以某種方式妨礙裝置或服務的運作。[31]如果能適當加強這個觀念，即可成為重要的措施，可提升機會實現類似慢運算所要發展的行為。

我們應關注GDPR的這項特殊要素，因為它示範慢運算的集體行動能達到的目標。為了得到更高層次的數據主權，人民施加的壓力從公民社團開始移動，經由歐盟資料保護監督機關（European Data Protection Supervisor）、歐盟高峰會（European Council）、歐洲議會（European Parliament），以及歐洲執行委員會（European Commission），最後造成數據保護政策產生天翻地覆的轉變。理論上說，它讓歐盟的人民得到某種程度的免疫，不會受到最嚴重的企業數據提取行為損害。最大的考驗將是數據提取公司是否能夠規避GDPR，只能靜候時間揭曉。如果企業有不合規的嫌疑，歐盟每個成員國的數據保護機構都可以調查及懲罰該公司。

公務員對於他們為公民採購的系統必須承擔積極的責任，更嚴格規定代表政府施行服務的民營公司可以對產生的任何數據做什麼。例如，假設某家公司為某政府機關開發一款應用程式，該機關應言明有關數據生成、所有權、儲存、安全、分享、與其他數據合併、未來用途，以及萬一數據流出的後果等方面的條款。這項行動看似普通常識，但許多政府機關都更為關心該服務是否已可實現，輕乎任何次要資本，那是企業可將數據貨幣化而得到的。因此，不應忽視這些條件，而是應將期望條款自動列入採購評估流程的一部分。至於已經開始施行的系統，應經過評估，檢視它們距離期望條款有多遠。如有必要，應制定如何在未來達到要求的計畫。這點對都市政府尤其重要，因為許多智慧城市科技幾乎都不可能做到個別通知與同意的步驟。

此外，每個公共機構都應建立數據保護的治理和管理機制，例如數據保護官員、隱私團隊和外部隱私顧問委員會。隱私稽查小組負責執行隱私影響評估、與各部門聯繫關於它們的工作對隱私的影響，以及協調職員的數據隱私與保護訓練。隱私顧問委員會的工作是監督與稽查隱私團隊的工作、針對工作優先性與計畫提出建議、確保因應與紓困計畫均已到位，以及數據行為和政策都已向大眾清楚傳達。例如，由於社會大眾對數據行為的批評，以及抗議祕密追蹤市民，西雅圖隨之成立一個外部專家組成的隱私顧問委員會。[32]它的任務是依據市政府使用數位科技的方式，制定一套道德原則且監督其執行。[33]政府方面經由外包程序和條件，以及自身的管理與治理安排，採取上述這些做法，打造隱私與數據保護的景觀。

最後，政府可利用提供教育及訓練課程，在推動慢運算上扮演積極的角色。這些課程必須導向不同階層，一般社會大眾是主要的目標族群，課程設計的目標是增進市民對於現況的知識、告知他們在數據提取方面的權利，以及提供他們實用的技能，保護自己免於隱私傷害。其次是針對學童的教育課程補足，警告他們各種數位裝置的數據提取行為，指導如何以最好的方式管理隱私。公部門的職員是第三個目標族群，他們是重要的數據控制者與處理者，因此課程設計的目標是告知他們在數據保護上的義務。還應該要有針對科技公司的主動訓練課程——特別是新創及缺之能力獲得隱私專業知識的中小型公司——講解他們的義務與最佳行為。

社區、公民社團和非政府組織的角色

雖然產業和政府是數據提取與監管的主要行為者，我們身為公民社團的集體成員，為了推行慢運算，仍然有很多可以施力之處。最起碼，我們可向政府與產業究責，施壓他們保護我們的權利且尊重我們。此外尚可利用一般社會大眾具備的各種技能——包括編碼員、安全專家和工程師的種種技能，以及律師和說客的專業知識與技能——加上社區組織與非政府組織（NGOs）的組織能力和政治影響，挑戰各種可疑的行為、發起適當的活動及社會運動、重新利用企業權力和市政治理的科技、發展替代科技和干預措施，以及推廣慢運算。

在日常生活中為慢運算而採取集體行動，可能會顯得野心勃勃，而且會導致某些相當明顯的新併發症。但是，這類行動所需要的正是如此。另一方面，可以積極使用為我們設想的有效運算。[34]這是為了看見運算的力量和樂趣，以此做為改變社會的契機。有問題的不是科技和數據，而是如何使用科技和數據：運算的力量應該重新用來使社會變得更好，而不應該是為了企業的獲利、國家的控制或個人的欲望。另一方面，我們可積極抵制加速和數據提取帶來的有害與惡性影響。我們的任務不是打擊運算和數據導向的世界，它們不是對價值觀、自由和日常活動的威脅。我們的對象是強大既得利益者控制之下的服務和平臺，目的是創造相反的行為和科技，或是提供替代品。這兩個做法呼應史特芬妮雅．米蘭（Stefania Milan）和隆內克．馮．德．魏爾登（Lonneke van der Velden）所詳細討論的主動與被動兩種數據行動主義（data activism）形式。[35]將主動與被動干預合併來看，目的是重新想像數位社會，且尋求重新打造，使運算的使用為人們帶來力量和解放。它的生產和使用應該包含在適當的監管體制之中，由民主機構規劃。[36]我們以主動或被動方式共同行動，可集體施壓及主動創造，達到改變社會的目標。

就像上一章舉例的建立自己的雲端，如今集體行動有很大的發揮空間。我們可架構由社區運作的運算基礎設施，以及開發開源軟體。開源軟體的基礎是完全不同的精神，不會與數據提取掛鉤。我們稱這種做法是「公民科技」（civic tech），[37]這類倡議是以ＤＩＹ的方式製作數位生活的工具。本質上，它們收回生產工具再扎根於社區，而且不投入追求利潤，完美利用緩慢價值觀平衡了運算的樂趣。

說到基礎設施，有些最佳實例是關於架設社區運作的 Wi-Fi 網路，[38]其中有些個案是因為電力公司未能延伸連線而形成的。南非東開普（Eastern Cape）省的曼科西（Mankosi），有一群大學研究人員與當地居民合作，在農村合作社主持之下，建立社區無線網路。Zenzeleni 專案是社區持有的網際網路服務供應商，由它提供連線，費用低於主流ＩＳＰ，更不用說根據數據流量收取高額費用的手機公司。[39]

然而，其他個案中社區「網目」（mesh）網路之所以出現，不僅是為了回應功能有限或價格昂貴（Detroit 是一例[40]）的連線，也是為了保護通訊，尤其是在抗爭或起義期間，如發生在埃及和蘇丹的，以及在「阿拉伯之春」期間。[41] FireChat 是一款應用程式，能在使用者之間建立社群網目，可分享資訊而不會被政府侵入。[42]值得一提的是，此處的背後功臣不只有創作軟體的技術人員，如 Commotion Wireless 工具＊，[43]還有社會機構，如開放科技

＊譯注：據 The Commotion Wireless Project 的描述，Commotion 是一種開源通訊工具，利用無線裝置打造去中心化網目網路。

學院（Open Technology Institute）對他們提供支援。以這樣的集體努力，建造由社區運作的數位基礎設施，可利用操縱現狀的安排，成功破壞數據提取。他們操縱現狀的方式是建立隱私，擺脫監控與政府控制；或者確保公民社團的行動者能繼續探索數位時代的各種可能性。

或許平臺合作社（platform co-op）是這項精神的延伸。它可以應用到某些經濟領域，如兒童保育，既能輔助日常生活維持數位化，卻未必會製造數據而被科技業利用。[44]一個平臺合作社相當於一個軟體網目，可激發及准許數位工作者控制且開發當地經濟的各領域。假使現有各大平臺持續像過去幾年那樣居於中心地位，則透過合作行為使人才緊密連結且移動資源，這種行動值得被視為邁向慢運算世界的一項要素。

栽培者資訊服務合作社（Grower Information Services Cooperative，GISC）即是平臺合作社的實例，它是美國的一群農人共同創立及全體共有的，是大型農業公司數據提取做法的替代品。[45]GISC宣稱是農業領域「唯一由栽培者經營的數據合作社」，[46]GISC已加入農業數據聯盟（Agricultural Data Coalition），該聯盟的盟友包括法律、商業、工程和學術界人士。他們合力架設AgXchange平臺，「設計目的是要成為開放的農業數據存取中心點」。他們表示，這是「中立的平臺，成立的目的是讓農人可控制數據的分享方式」。這個提議「是為了在農業產業界建立第一個雲端平臺，將由栽培者主持，且向所有產業服務夥伴及技術供應者開放」。[47]簡單說，AgXchange 的目的是找出方法以阻止數據提取，以及奠定合作式數據主權。

社區基礎設施之外，有人會強烈主張社區使用加密網際網路平臺。例如，員工可催促老闆在全公司的電腦安裝 Tor 做為標準瀏覽器。使用者如果遇到銀行網站或喜歡的新聞網站異常，可退回標準瀏覽環境。但將使用 Tor 瀏覽器正常化，加上在日常的交談中討論它的優點，有助於把慢運算從個人層次的行為提升到更為集體的層次。舉例來說，如果你是工會成員，可指出數據提取的隱私議題是工作場所最大的擔憂，進而提議推廣 Tor 瀏覽器。如果你是管理人員或老闆，可鼓勵員工採用混淆視聽的技巧（如第四章建議的各種做法）。如果你是教育人員，當著學生面前瀏覽線上內容時，例如講解本校圖書館網站的某一項功能，可以使用 Tor 瀏覽器。以集體方式一起採用某些平臺，可造成顯著改變，且比較不會感到孤單。

公民社團組織是軟體生產的重要角色，特別是開源倡議。這些倡議大部分都是依賴一般公民的志願行動而創作及維護軟體，或者為平臺增加內容，如維基百科（Wikipedia）和開放街圖。這些人往往彼此距離遙遠，他們製作的數位產品不同於那些商業化產品依靠的是數據提取。這類計畫有許多都是由一群個人推動，這些人滿懷熱情且具有技能，人數相對不多。其他計畫則藉由群眾外包（crowdsourcing）進行，有大量貢獻者。如 Linux 是數以千計個人的貢獻、維基百科包含近六百萬篇文章，作者與編輯也是數以千計，開放街圖則是遍布全球的繪圖人員合作的成果。想集體參與創造開源形式的慢運算，機會俯拾即是。確實，參與的群眾愈多，任務愈能細分且有效進行。許多人自動自發參與這些專案，是因為這些專案提供有效的平臺，能建立社交連結、有意義地溝通，集體為解決共同問題而付出心力。[48]

其他種類的公民駭客行動包括黑客松和數據深潛（data dives），這些活動通常偏向本地。大部分黑客松活動（在一處聚集許多人設計及打造科技解決方案）都是想要共同解決特定問題及開發新商品，與數據提取的關係很小。[49]另外也有更具公民意識的黑客松，目的是想解決社會問題（如 Hack4Good），[50]或者如數據深潛，它們利用數據追求社會公益與實現數據正義（例如由數據為黑人〔Data for Black Lives〕[51]和底特律數據正義聯盟〔Detroit Digital Justice Coalition〕[52]所發起的）。這些都是更為社會取向的倡議，立足於運算之樂，進而挑戰主導主流運算的利潤取向商業模式，表現出慢運算的精神。

有一種針對數據提取的重要軟體值得考慮，就是隱私加強科技（privacy enhancing technologies，ＰＥＴs）。ＰＥＴ嘗試提供個人工具，用以保護隱私及規定各種服務應該如何處理這些數據。[53]ＰＥＴ的目標是使數據生成降至最低、提高每個人對於私人數據的控制、選擇線上匿名性與數據可連結性的等級，以及數據檢查、更正和刪除的法律權利。[54]ＰＥＴ

包括相對簡單的工具，例如廣告封鎖程式、cookies 封鎖與移除程式、惡意軟體檢測和攔截、網站封鎖、加密工具和服務，協助我們脫離數據仲介商的數據庫。[55]許多PET都是公民社團組織所開發的，如電子邊境基金會（Electronic Frontier Foundation，EFF）。

與數據的戰爭中，有一股核心動力將會涉及公民社團的行動者試圖追蹤數據流，這是透過數位裝置服務查明非法勾當。數據處理的過程，從蒐集、深掘到行銷都是不透明的。有許多數位權利組織正是希望能揭發非法的數據提取行為，且為使用者製作保護工具。位於倫敦的NGO隱私國際（Privacy International，PI），即是其中的重要參與者。PI投入部分資源，用以揭露數位社會真正的運作方式。例如發表深具啟發意義的報告及個案研究，涉及的議題很多，像是連線汽車、智慧城市和免費 Wi-Fi，利用這些材料遊說企業和政府。然而，它在制定政策與立法方面也不遺餘力。針對前文提過的歐盟GDPR，PI初次向歐盟提出意見是在二〇一〇年。它不斷追蹤及提出意見、與歐洲的其他NGO結盟，而且追蹤歐盟議會議員（Members of the European Parliament，MEPs）何時提出修正案，再與產業界的意見及建議比對。PI提到，他們「披閱數以千計的修正案、妥協修正案，且起草及提出我們的修正案，說服歐盟議會議員採用。我們與議員及他們的政治顧問開過無數次會議、參與各種委員會的聽證會且在會中發表意見，而且開發部落格與教育資源」。[56]

ＰＩ對歐洲數位權利（European Digital Rights，ＥＤＲｉ）貢獻一己之力，這是由全歐洲約四十個ＮＧＯ組成的包羅萬象網絡。總部位於布魯塞爾，是恰到好處的選擇。它在那裡從事分析工作，和ＭＥＰ保持關係，藉此監督歐盟政策的發展。ＥＤＲｉ是ＧＤＰＲ形成過程的重要參與者，ＰＩ對ＧＤＰＲ的總結評語是：如同其他許多數位權利主張，該法規「不完美，但在目前的政治環境下，可能是最好的結果」。[57]或者如ＰＩ的主席安娜·費德勒（Anna Fielder）所說的：

> 對數據饑渴的企業與政府，還有可悲的科技設計，繼續讓我們難以保護個人資料。但現在我們有了法律工具，能向這些力量強大的對象究責。我們將繼續利用這項法律體制，協助公民與消費者變得更有能力。我們也會用它測試新興的商業模式，以及其他剝奪個人控制權的一切系統。[58]

全歐洲都發生類似的數據提取戰爭，數位權利和隱私運動的支持者對正在形成的監控基礎設施發出警告。以英國為例，《調查權力法案》（Investigatory Powers Act 2016，亦稱為「窺探者憲章」〔Snooper's Charter〕）要求ＩＳＰ錄存一年內的網際網路連線紀錄——尤其是使用者一年內訪問過的網站清單——且讓大量的政府機關得以調閱該紀錄。民權與人權組織「自由」（Liberty）及PI一向是該法案的主要批評者。當代集體行動支持的行為與慢運算類似，在這裡，其重要性變得特別明顯。例如，二〇一七年初，自由為了在最高法院對該法案提出司法挑戰，透過眾籌募得五萬三千英鎊。二〇一八年四月，自由獲得勝訴，法官要求政府必須修訂該法案，僅得針對重大犯罪行之，[59]自由對該法案的其他面向提出質疑。這個案例告訴我們，像自由這樣的組織——具備專業知識與能力，搭配現代數位工具如眾籌與廣大的社會大眾建立連結且獲得必要資助——是我們在捍衛慢運算行為時，建立法律架構的重要元素。

關於公民社團在數位時代的持續及新興角色，讓我們簡要介紹EFF的工作，即可得到進一步的線索。EFF的總部位於舊金山，它鼓吹更高層次的線上隱私，經常領導相關的立法議題活動。例如，二〇一八年，EFF「行動中心」反對美國國會的一項法案，該法案將在美國航空網絡引入生物識別篩選。另一項活動是突顯智慧財產權所有人的企圖，他們想在網站註冊網域名時，消除隱私。這些活動的基礎是對於數位社會的運作方式具有廣泛而先進的知識和持續的分析。這方面工作的一項重要元素，是EFF的資訊科技安全專家與律師團隊，他們通力合作，更深入認識我們的數據連結和流動如何一點一滴剝奪隱私，助長監控。

ＥＦＦ打造能協助人們保護自己數據的ＰＥＴ，例如隱私獾（Privacy Badger），這是一款可封鎖追蹤的工具。

最後再舉一個實例，說明公民社團針對數據提取所採取的集體行動。這個實例聚焦於美國公民自由聯盟（American Civil Liberties Union，ＡＣＬＵ）。ＡＣＬＵ的總部設在紐約，全美境內都有辦公室。ＡＣＬＵ的成立是基於《美國憲法權利法案》（Bill of Rights of the US Constitution），目標是捍衛和維護美國公民的個人權利和自由。數位科技的發展帶來特殊的挑戰，尤其是在隱私與言論兩方面。在《言論、隱私和科技專案》（Speech, Privacy, and Technology Project）中，ＡＣＬＵ的律師和政策分析師致力於處理各種關鍵案例，涉及廣泛科技發展。他們質疑在高速公路引進電子收費系統的合法性，因為此項科技「會獲取數百萬駕駛的敏感資訊」。[60]他們追究臉部辨識系統軟體在零售業使用的範圍。[61]ＡＣＬＵ憑藉本身的經驗且善用工具如《資訊自由法案》（Freedom of Information Act），揭穿「ＦＢＩ和國土安全部（Department of Homeland Security）正在蒐集和分析Facebook、Twitter和其他社群網站的內容」。[62]簡言之，ＡＣＬＵ致力於奠定基礎，使慢運算能在憲法的保障之下浮現。這一類集體行動——ＡＣＬＵ的行動之所以是「集體」，原因在於它訴諸社會大眾資助及政治支持——正是全世界各個司法管轄區所需要的。

慢運算世界

本章和上一章的討論，檢視許多可以促成慢運算的個人與集體行動。一個更為均衡的數位生活與社會是我們能力可及的，雖然獲得且維持那種生活不是簡單的事。正如我們一再重申的：我們歡迎今日的數位科技，但也警告大家，其中某些特徵和行為非常有問題。真正體會運算的樂趣，意味能在自己的時間及參與數位社會兩方面，保持某種程度的控制權。有各種力量迫使科技公司、鼓勵政府打造剝奪數位主體權力及破壞民主的架構。如果我們能足夠努力去限制這些力量，就能邁入慢運算時代。集體方法的好處是任何迎向慢運算的行動都能全體共享，而不限於採行慢運算做法或理念的那些人。我們聚集在一起行動，可以形成臨界質量（critical mass），創造出任何個人獨自行動所達不到的改變。

然而，不可倚賴別人代表我們而集體行動。我們必須主動參與，貢獻一己之長。我們不必扮演領導者的角色，或者在最前線擔當熱情的擁護者。我們的行動可能是遊說政治人物、參與公民駭客，或是加入、支持公民社團或NGO。假如袖手旁觀，風險是讓數位生活的發展任由別人決定，而那些決定我們數位生活的，主要就是第四章所檢討過的企業。它們靠數據化、監控資本主義，以及大肆利用心理伎倆與操縱而大賺其錢。

再者，嘗試破壞整體數據提取的正常化，有利於阻撓企業和政府追求以上這些干擾。舉一個實例來類比：在化妝品業，拿動物當實驗品一度是業界的標準做法。但如今已極度不受消費者歡迎，如此一來，企業即感受到壓力而不得不改弦更張。數據提取在目前也是標準行為，然而削弱它的合法性就能創造出有利條件，使未來能有吹哨人挺身而出，揭發哪裡還有數據提取行為。以集體方式擁抱慢運算，使數據提取失去合法性，有助於減少我們曝露於數據提取的環境。我們生產數據、數據成為價值顯著的商品，未來的數位生活不應該是被迫為企業及政府建立的數據儲備貢獻。只要能認清這個事實，就有可能帶來更廣泛的社會影響。

我們認為，數位生活的未來面貌及本質仍在醞釀之中。有能力強大的參與者會創造充滿魅力的新科技，繼續讓我們感到興奮。運算的樂趣從天而降，未來的我們會如何與科技產生連結？這些科技將如何塑造我們的生活？一切尚有爭論。慢運算要求我們質疑和科技共處的方式。因此，我們有必要思考現今正在發生而明天會（或不會）被解決的某些哲學議題。下一章會討論到：慢運算的動態學產生許多標準問題，全是關於我們的數位社會與經濟應該是什麼樣子。想解決這個疑問——找適合個人與集體的答案——需要批判性反思敏銳分析：我們想生活在怎樣的社會？如何確保它會實現？對我們來說，這意味須闡明慢運算的哲學基礎，它把慢運算的邏輯和基本原理都說清楚講明白了，現在就轉向這個主題。

CHAPTER 6

數位照護的道德

星期六，上午十一點。你患了戒斷症候群，整個上午都沒碰智慧型手機。你的筆電還蓋著，孩子們的遊戲機沒開。你真的很想要檢查電子郵件，想看看有沒有人回應Facebook貼文，想跟上全世界正在發生的大小事。你想說瞄一眼就好，可是你的另一半提醒你：晚一點它們也不會跑掉，全部都會等你，陪你的家人比較重要。通常你會不管三七二十一，直接去抓手機就對了。可是，今天你將它轉靜音，和全家人一起到公園，在那裡享受美好時光，沒有被數位鎖鏈干擾。你領悟到這種感覺真的太棒了：不要上線、不要一直在乎別人在關心什麼，或是有什麼事該做。你還是會想要瞄一眼，但你下定決心要克制誘惑，來一頓從容悠閒的午餐。

我們需要新的數位照護道德，需要接受且實踐慢運算哲學——後退一步，解開數位鎖鏈，重新掌控自己的時間、數位足跡和身影。我們的堅定立場是這樣的：如果能實踐個人的、集體的、務實的和政治的行動，不但能享受運算的樂趣，新興數位社會與經濟的不良面向也會降至最低。本章繼續延伸整體論點，詳盡闡述慢運算本身的和需要的哲學支柱，目標是闡明慢運算的基本理由與義務。慢運算不是靠個人實現，也靠廣大社會，包括企業。我們固然可實行慢運算但不接受緩慢哲學，或是成為慢運算運動的一員——只是單純地接受某些適合的行動——如果說我們的做法是扎根於一套有條理的觀念和理想，有這些觀念與理想證明且推廣我們的做法，我們的做法才有意義。

此處的關鍵是認識慢運算的規範論點，我們所謂的「規範」是指一種思考方式，是關心事情應該如何，而不是它們的現狀如何。這種思考方式尋求某些問題的答案，例如：我們想要哪一種數位社會？它應該如何運作？我們如何著手打造這種社會？當然，我們陳述議題的規範方式，也會影響如何處理這個議題，以及後續的辯論。例如，假使某個立場是接受大規模監控及侵犯隱私，它也會支持採取干預措施去解決社會大眾對數據提取的擔憂，相對於更致力維護個人權利和個人自主性的立場，是截然不同的。

對我們而言，慢運算的原則規範地扎根於數位照護——自我照護與集體照護——的道德之中，它的目的是重新想像與重新建造數位社會和經濟，進而能保護及實現個人和社會的利益。關於照護的道德，已有現成的哲學文獻可供參考。照護的道德根植於女性主義的觀念與理想，目標是促成個人和集體層次的道德行動，藉此既自助也助人。[1]照護的道德是一種道德方法，因此本質上具有關係性——認可你我都置身於關係之網，而關係帶來了責任、義務與職責。我們的某些照護是互惠的。意思是說，我們對他人的行為反映了我們期望對方如何對待我們。但有更多行為並非互惠，我們負起照護的工作是出於義務（身為父母、朋友、員工或雇主的義務），或者是無私奉獻（如志工）。因此照護的道德認可一件事：照護的形式、不同照護對象的需求，會因背景與環境而有差異，沒有一成不變、一體適用的解決方案。[2]對你、你的家庭和社區最好的方案，未必是我們的最佳選擇。

這樣的途徑與其他倫理學家大異其趣，例如社會正義方面，他們追求可普及化的標準、規則和原則，這項特色往往表現在他們對權利、資格和責任的觀點。[3]它們的差異反映在如何提出疑問：例如為了解決問題，照護道德的方法傾向於問：「如何回應最好？」至於其他道德理論則是往往會問：「何謂公平？」[4]換個說法：第一個問題是要求行動，然而後者是指示要公平待人。照護道德學家瓊．特隆托（Joan Tronto）指出，照護有四大要素：關注——能識別自己與他人的需求，進而有所回應；責任——由我們採取行動；能耐——具有承擔責任的知識及技能；響應——接受照護的對象能收到適當的照護。[5]慢運算的目標是在數位生活方面，確認這四大要素都已到位。我們照護自己和他人，把兩者看得同樣重要。

以後者來看，給予他人的非互惠照護可能包括協助欠缺數位素養的人，分攤設定與維護數位科技的沉重負擔，讓他們得以過數位生活。為了生產數位裝置而開採必需的金屬，或者數位裝置產生廢棄物，都有人受到影響，非互惠照護可能涉及為他們尋求環境正義。[6]從實現永續運算的角度來看，有鑑於能源消耗（導致氣候變遷）及資源開採（危害本地環境和生態系統），非互惠照護意味關心我們的廣大環境。數位科技消耗的能源及資源十分可觀，為了創造更適宜生活的未來，脫碳（decarbonization）是必要目標，而慢運算則是跨出了一步（雖是低調的一步）。[7]

我們提過，從某些政治觀點來看，數位照護的道德是違反直覺的。例如，假使你是自由市場資本家，只要能從勞工身上獲取可牟利的價值，何需在乎他們幸福與否？然而，姑且不論你的政治傾向是左派還是右派，是狂熱的資本主義者或激情的社會主義者，或者你有別的政治色彩，有人承諾會照顧你和家人的幸福，乃至於你的社區、顧客或員工的幸福，以及你所生活的環境，相信你都能承認這種道德的價值。知名的德國企業實施如離線權（見第五章）等慢運算做法，原因在於它們了解到壓力較小的員工能提升成效、發揚創新、降低員工流動率及工作日損失，且能增加獲利。[8]其他公司也明白以道德方式對待消費者，能夠創造品牌忠誠度，所以他們願意推行環境永續性或企業社會責任行為及倡議。照護可以同時是利他和良好的商業意識。可是，我們必須大聲點名所謂的「漂綠」（green washing）[9]和「道德洗白」(ethics washing)[10]。這是指企業宣稱其行事作風是照護、永續及符合道德，事實上卻說一套做一套。如前一章所說，我們未將照護的道德從權利與資格的普遍要求區隔開來，後者是在一般層級保護及提供照護。與工作時數及隱私有關的立法普遍能發揮作用，因此在創造機會以實行慢運算，以及使照護能夠進行這兩方面，可扮演重要角色。

本章將會概述慢運算數位照護道德，我們對於慢運算數位照護道德的願景包含兩大支柱。第一支柱是關於時間主權的道德，我們提出兩大重要面向：一是專注於現在，以及減速、離線和非同步性(asynchronicity)；二是專注於前方，以及未來的道德。第二支柱是關於數據主權的道德，同樣具有兩個重要面向：一是專注於提取，以及隱私與遺忘的道德；二是專注於數據如何處理與價值如何創造，以及人工智慧與數據使用的道德。簡要描述與討論過這些支柱，會接著思考慢運算的數位照護道德是否能擴充至一切對象，無論其性別、種族、階級、年齡與識字能力；或者是否有人比較容易實踐慢運算且從中得到好處。

時間主權的道德

第四章曾將時間主權定義為支配時間應用方式的權力與自主性，我們承認不可能得到徹底的時間主權，因為我們都受限於社會和體制的義務與責任——如家庭時間、工作時數、社團時程表等。雖然如此，在這些限制之下，時間主權可還給我們最大的自主性。我們將思考時間主權與數位照護道德的關係，藉此擴展時間主權，從此時此地延伸到未來世代。

減速、離線和非同步性的道德

第四及第五章詳細討論過，實行慢運算的核心戰術就是減速和離線。就這方面來說，數位照護的道德是承諾讓想要採納慢運算的人，能夠減緩日常生活的步調和節奏；拒絕時段轉換和用看似更有生產力的活動填滿「空檔時間」的需求；剔除堆積如山和重疊交錯的任務，不讓時間被密集化和碎片化；以及不再接受隨時邊走邊安排的相見。這樣的道德是讓人們更能控制時間的利用；減少匆忙的感受和壓力；還有達到工作－生活的平衡。人們得以返回自然、社會和時鐘時間，而不是永遠活在網路時間的架構之下。更不必懷有罪惡感，或是因此被懲罰。

除了促進自我照護，數位照護的時間道德亦擴展到更廣大的社會照護承諾——藉由改變工作條件與工作場所政策而照護他人，以及利用法規和立法，保護他人免於受傷害。此處的照護近似於公共健康，是為了所有人的利益而改變社會條件。有一項獲得公認及採行的道德義務，能夠克服各種問題，例如：工作時間漂移；期望員工隨時待命／隨傳隨到，而且能立即回應；侵入假期和休息時段；長時間工作、壓力和過勞正常化；以及將工作狂視為榮譽勛章。這個義務是珍惜品質重於數量；執行任務的樂趣重於完成任務的速度；以及把一項工作做好重於一心多用卻做得很差。這是認可休息和幸福的價值高於疲憊和壓力，而且這些對於社會和企業都有利，不只是對個人。

採用即時系統是另一個需要數位照護道德的時間面向。即時運作有可能達到效率與最佳化，同樣也造成沒有時間反思、冥想及深思熟慮，而且會將決策的工作從人的手中轉交給演算法，它把公民和管理者都束縛在狹隘的選項和自動化之中。然後，某些形式的知識、價值與做事方法會得到優先地位。例如，技藝（techne，更容易編碼的工具知識）優先於明智（phronesis，來自實踐和深思熟慮的知識）和世故（metis，基於經驗的知識）。[11]如此轉變使社會走上技術官僚化、更不接受辯論和深思熟慮，而且無論是哪一方面的生活，只要是正在即時方式管理之下的，則過去的教訓和經驗的相關性均被淡化或消除。如此一來，我們對日常生活的經驗與治理方式已被改變。有人開始主張，在相反的觀點之中也含有世故的智慧，亦即重視非同步性與時間不協調、確保我們能以自己的步調過生活，這並非減速，而是以不同的速度運作。[12]非同步性的道德是以人、人們的行動、幸福和渴望，以及其他因素如神經多元性為優先，而不是單純地重視系統的效率及優化。[13]反之，我們或許可想像系統被設計成有多個不會立即運作的層次或例行程序，而且不統一、不協調，或是去中心化，更喜歡臆測、富有詩意、也難以預料。[14]以這種方式配置的即時系統可能會製造出更活潑的場所，而不是井然有序、一板一眼且被動的。

此處討論的義務是道德承諾，因為支持它們的是對錯、公平或正義與否的判斷。此處有幾個道德性問題，假如我們接受加速會造成危害，可是不想促進慢運算來改善這些危害，那麼我們即是故意違反自己和他人的利益與照護。若要為這個立場辯護，或許可以主張任何傷害都能以某些方式補償，例如用薪資和津貼補償長工時和隨傳隨到。但拿工作時間漂移來說，這種補償做法通常只會帶來更多剝削、對勞力的壓搾，以及更多壓力和不安全感。確實，公平、平等、正義、公民資格、民主——道德哲學的關鍵概念——這些觀念無法用來論證且合理化對時間主權的主張。工會即是憑藉這些概念工具來改善工作條件，例如減少上班天數和每天的上班時數，以及獲得國定假日、休假資格和加班費。近幾十年來，隨著工會的力量消散，確保時間主權的運動已經大打折扣，而此時正好是數位驅動的加速改變工作生活。或許在如今這個網路時間的時代，這類運動必須恢復元氣，以慢運算的觀念與理想做為其核心，就像在法國、義大利與德國那樣。

未來的道德

加速和離線的道德容易被當成是解決此時此地的議題，這些道德使我們能在某種程度上控制如何使用時間，藉此改變目前的幸福狀態。但關於未來呢？不只是我們的未來，還有未來的世代。今天所做的政治決策和設計選擇會有很長遠的影響，我們躲不過，未來無數世代的人們亦然，只是他們現在沒有聲音、沒有人為他們辯護，或者沒有投票權。[15]當然，我們的照護責任有兩方面：首先，是想像及啟用不同方式，負責創造未來的數位社會與經濟；其次，闡明慢運算，讓我們和追隨我們的人都能因此獲益。奉行未來的道德是認可數位科技和我們當前社會之間的關係，知道這個關係創造會成為影響代代子孫的遺產。

我們所要描繪的道德，是關於我們與未來的關係。借助未來學理論家芭芭拉．亞當斯（Barbara Adams）與克里斯多福．古洛夫斯（Christopher Groves）的研究，以及他們的著作《未來舉足輕重》（*Future Matters*）。他們詳述兩種進入未來的方法，稱之為「未來的現在」（future present）和「現在的未來」（present future），無一是將未來看成空白的畫布而有待我們去創造，或者是木已成舟的定局。然而，有一部分未來是出於現在的規劃（基於過去的表現而鑑往知來，[16]或者透過精心設計的計畫或政策而創造特定的結果），以及另一個相反的過程，就是我們對未來的投射塑造了現在的思想與行動（例如擔憂氣候變遷對未來的影響，會導致現在的政策改變）。未來混沌不明，可是我們會意識到怎樣的未來可能實現，還有我們渴望的未來是什麼。

「現在的未來」是我們立足在現在及以往的趨勢而投射出來的，我們根據現在去推斷未來將會如何。雖然有一股動力推動著現在往未來前進，這股力量來自內在的結構、路徑依賴及各種創新；然而現在的未來不是命中註定，依然懸而未決，尚有爭辯和選擇的餘地。因此，我們能想像、計畫、預料及創造未來，去重塑我們和其他人的未來將如何開展。正如「我們是展望人」（見第二章）這個觀念所說，[17]我們都是未來取向的，關心我們未來的人生際遇。想到前方的美好事物，往往也是我們最快樂、最健康的時候。照護隱含關心現在的未來——經由在現有環境的照護和現況，我們設法管理自己與他人前進的道路，迎向更好的世界。我們彼此照護，嘗試判斷其他人的目標和需求，然後盡力協助他們心想事成。[18]我們制定策略與計畫，力求實現偏好的未來。然而，基本上我們都是在現在做這些事、從現在往未來出發，實行慢運算是採用有道德基礎的方法去塑造未來。

再者，實踐未來的道德代表反對其他人所設想的未來，如果那是利用廣泛的數據提取而重現及擴張出來的加速世界。企業和國家所召喚的未來想像都是為特定的數位未來預占一席之地、奠定基礎及搖旗吶喊。[19]例如，提倡智慧城市的人製作動人的影片和精美的廣告，預言遍布運算的城市將會帶來多少潛在的好處。他們積極遊說城市及國家政府投資智慧城市計畫，目標在於實現地理學家艾約娜・達塔（Ayona Datta）所稱的「快速都市主義」（fast urbanism）：指形形色色的加速都市發展，從迅捷規劃到採用即時管理系統，不一而足。[20]慢運算則是試圖將我們的思考與行為，從現在的未來模式轉向慢都市生活，建造一個更有人性的未來智慧城市。[21]意思是說，讓創造及促進智慧城市科技的驅動邏輯，從速度、效率、優化和科技官僚政府，扭轉成公平、公民資格、社會正義和公益。[22]

現在的未來照護主要是想改變我們的道德性，打破其局限，未必是為了將來的子子孫孫（雖然他們大有機會繼承現在的成果）。「未來的現在」這個詞的願景比較悠遠，更容易順理成章地想像。它設想某個我們希望實現的未來——例如，二〇五〇年的慢運算世界會是什麼樣子。然後，利用「向後預測法」（backcasting）往回逆推到現在，進而決定需要哪些步驟或經由什麼途徑，才能到達那種未來。換句話說，不是從現在向前運作，而是從期望的未來反向回溯到現在。因此，未來的現在明確承認現在的行動有可能影響後代，我們必須本於道德和倫理，創造一個不同的世界。[23]於是我們激發一個正常的未來，必須預先為它保留機會、做好準備，或者避免妨礙它實現的威脅，而且將現在的未來路徑重新導向新軌道。[24]

現在可以反思我們舉例的智慧城市：如果未來的現在運用慢運算方法，必須想像未來某個時刻理想的慢運算城市應有的樣子，再努力制定出所需的步驟，在此期間逐步建立這座城市。我們不擔心現在的未來向前進的動力，事實上，只要能重新配置想要的科技，我們樂於想像任何新方法。畢竟我們的目標是干擾目前的途徑，將它轉往新方向。藉由這種做法獲得自由，不再專注於此時此地的生存，以及創造預先被安排好的未來。反之，我們可策劃自己應有的行動，且隨之負起對未來的責任。

無論是現在的未來或未來的現在，採取道德途徑的關鍵面向之一是負責，也就是對我們的行動和行動對未來世代帶來的後果負責。聽起來像常識，儘管我們覺得自己很認真過生活，但幾乎所有人的生活方式對未來都會產生嚴重的後果：整體來看，我們在這個星球上消耗太多資源，無視或拖延氣候變遷、物種滅絕和過度負債等議題。我們未能負起個人的責任，反而把未來的責任推給別人——企業、政府、公民社團。然後，企業則為了當前的營業額和利潤等狹隘利益，犧牲未來。政府同樣拿短期利益或連任與未來進行交換。事實上不負責的心態已經制度化，進而鼓勵我們盲目地奔向未來。[25]結果，我們的政策和行為往往暗中勾結，創造出次優或甚至反烏托邦的科技未來。慢運算是主動承擔對未來的責任，絕不推諉卸責。前面兩章詳述的個人與集體兩種形式的行動，目的即是在於預期、準備、擾亂及轉變數位生活，且開創一個不一樣的未來。

然而，關於意料之外的危害，我們如何採取負責任的行動？現在的世界變得愈來愈快速、隱私被進一步入侵、數據被使用且提取愈來愈多價值——慢運算關心的，主要是創造能解決已知和預期問題的未來。可是，隨著新科技發展和商業行為演變，會出現不可預見和意料之外的後果，其中一些或許只是沉睡多年，直到特定條件成熟才迸發。慢運算如何解決？慢運算數位照護道德必須回應新出現的危害，可能是新的發明出現且投入市場的速度有問題。各種反應似乎總是迎頭趕上，而社會、政治和法律干預措施必然會變慢，因為它們需要制定、辯論、達成協議，然後實施。

為了保護未來，克里斯多福．古洛夫斯建議採取合格的預防方法來開發及採用新科技。[26]目前的預防方法一般都是以風險分析評估未來可能的危害，它們將已知的擔憂視為必須以進階創新克服的問題，而這些創新只是改善影響，並非全然避免危害。換句話說，它們的行為像是「下坡煞車」，而不是改變路線。古洛夫斯建議從不同的預防立場起步，即批判新科技預期服務的目的，評估該創新是否有可能為大眾帶來益處，而且它所創造的社會是不是我們希望留給後代的。因此，實行慢運算的其中一個面向是採用預防分析且根據分析結果而行動，目標在於創造後人會感激而不是咒罵的數位社會。如上一章討論過的，例如EFF和ACLU這些公民社團已經在從事這類工作。現在討論的未來道德，以及與此相關的預防方法，不只適用於時間主權，也適用於數據主權，可保護未來的公民避免過度的數據提取，還有和這些活動相關的傷害。

數據主權的道德

數據主權關心的是對數據的權力和控制，範圍包括與我們相關的數據從生成、被蒐集再到如何使用。如同時間主權，因為國家有需要利用數據進行治理，企業有需要保存紀錄及利用數據來提取價值，數據主權亦面臨質疑和交涉。一般而言，在設定數據主權方面，普通公民的自主性和力量都有限。然而，第四、五章已經詳列許多戰術，可利用這些戰術影響被蒐集到的數據、可發起運動引入及改變法規和立法，限制數據的用途。數據主權涉及我們用來形塑數據主權範圍的道德論證。這是關於數據照護道德，也是關於正義、權利和資格的更普遍主張。至於後者，有一個新出現的重要觀念是「數據正義」。[27]

數據正義的道德論證大量借鑑於社會正義的觀念，正如社會正義關心以預期和可接受的方式對待所有人，數據正義關心的是人們在數據方面的公平待遇。[28]社會正義的支柱是道德權利，這些權利代表我們身為社會的一員可期望什麼（例如，在北半球的大多數國家，這些權利有言論自由、投票選舉、完全訴諸法律、受教育及接受醫療等）。同樣的，數據正義是由道德權利的主張支持，如FIPPs所陳述的那些（例如通知、同意、選擇、安全、誠實、取用、使用、責任，見第五章）。我們務必謹記：這些權利不是被賦予且不可剝奪的，是經過艱辛的奮鬥才換來的成果。而且，還有很多關於正義的理論，各自陳述不同的道德立場。例如，社會正義理論可概分為四大類：分配型（公平分享）、程序型（公平待遇）、報復型（公平懲罰），以及恢復型（糾正錯誤）。[29]一般來說，迄今為止的數據正義都是程序型取向的。此處闡述兩組數據主權和數據正義的道德論證，首先是關於數據提取，其次是關於該數據如何被處理及利用。

隱私與遺忘的道德

目前有關數據主權的爭辯繫於兩組交換：以隱私交換經濟成長，還有以隱私交換國家安全。[30]第一個情況，有關消費者的數據提取被視為選擇：你要的是打造新產品、市場、工作和財富，或者保護個人和集體的數據權利？一方面有人主張隱私不應該妨礙創新和從個人數據中發揮經濟價值，或是阻撓消費者體驗。[31]部分評論家和商業人士指出，缺乏推陳出新，經濟會停滯，社會將苦不堪言。另一方面的主張則認為，業者有可能從數據中提取價值來研發新產品，同時不會侵犯隱私、不必針對個人進行毫無節制的特徵分析且鎖定為廣告目標。[32]至於第二個情況，數據提取被當作二選一的習題：想要營造更安全的社會，或是保衛個人自主性？為了更偉大的國家安全，一方面信任被拿去換取控制，公民成為國家福祉的潛在威脅。相反的，隱私和自主性則是被奉為自由民主國家不可或缺的特徵。過度數據提取侵害身心自由（freedom）和政治、法律自由（liberty）等核心社會價值，使政體的運作得以更加專制。[33]

這兩種交換中，對那些支持大規模數據提取的人來說，有隱私就沒有經濟發展和國家安全。此外，隱私被視為屍骨已寒或苟延殘喘。[34]即使還有人對隱私的認識不深，已經在更大的利益面前被犧牲了。伴隨的說法差不多是「如果沒什麼好隱瞞的，有什麼好怕的」，或是「不爽我們的做法，那就別用我們的服務」。正如批評者所指出的，第一個主張將隱私與隱瞞可疑的行為混為一談，而不是將它當作個人自主性、言論自由和選擇性披露自己的決定。[35]第二種說詞則是不切實際也不夠理性。以數位裝置和媒體而論，它們已是現代生活的工具、謀生和社會生活的必需品。[36]退出不是隨時都可行的選擇，有許多數位科技更是讓你連選擇的餘地都沒有。

第三章討論過，我們都習慣這類交換，就是用我們的數據、犧牲隱私，換取某項服務。

有時隱私似乎真的已經死了，雖然在隱私的爭辯中往往被設定為全有或全無的辭彙，現實裡的隱私卻充滿灰色地帶：所以說隱私並未絕種，即使它正飽受攻擊。而且，隱私和經濟發展、國家安全不是互相矛盾的關係。對許多人而言，隱私依舊具有重大價值，雖然在實務上很難管理及保護。[37]我們仍透過立法和法規等手段保護隱私，雖然做得不如預期好。因此，問題在於平衡：如何既讓個人擁有強大的數據主權，同時也讓國家能夠運作、企業能夠獲利。

對於那些追求平衡的人，還有那些在數據提取方面主張數位照護道德的人，設計化隱私非常重要，因為它將隱私包含在科技的設計中，而不是在事後藉由法規工具施加上去。設計化隱私的原則很直截了當：它認為所有數據都應該封鎖起來收好，直到使用者自己來開鎖。安裝應用程式時，這個開鎖的決定不是一則涵蓋全面條款和條件的通知，包含解鎖隱私的設定，可供使用者配置。換句話說，應用程式的使用者能控制自己的數據主權，並未盲目放棄它。如第五章討論的，針對數據主權，伴隨而來的是公民社團運動和立法措施，目標是保護其道德權利。

回到二〇〇七年，我們兩人之中有人建議另一個處理大規模數據提取和數據長期持有的方法——遺忘的道德。[38]我們的目標是扮演故意唱反調的角色，建議應該大力促成種種科技來生產、儲存萬事萬物的數據，以及管理這些數據的終生價值。但我們也建議應該用

「遺忘」來補足「記憶」（這是數據儲存經常有的說法）。心理學家丹尼爾．沙克特（Daniel Schacter）指出遺忘有六種形式：三種與失落有關、三種和錯誤有關。[39]基於失落的遺忘有：短暫（隨時間而喪失記憶）、心不在焉（因分心而喪失記憶）和阻礙（暫時無法記住）。基於錯誤的遺忘有：錯誤歸因（將記憶歸諸於錯誤的來源）、暗示性（意外或暗中植入的記憶）和偏見（沒注意到或無意識編輯或改寫經驗）。我們主要是支持使用短暫和喪失／抹除，但其他幾種形式也應該融入數據庫，提供某種程度的不完美、損失和錯誤。

我們沒有將遺忘視為弱點或容易犯錯，而是一個解放過程，使我們能擺脫數據足跡和身影，我們認為應該有促成遺忘的道德義務。我們討論過 Google 和 Facebook 如何持有數據，可見數據會被規律地儲存很長時間。遺忘的道德義務是立法規定數據保留的程度，就是數據應該被保留多久。將抹除內建在系統中似乎會有損完整性，卻是個重要方法，可確保人們能放下過去的錯誤、發展他們的社會身分、憑良心生活、寬恕他人、實現以辯論和談判為基礎的進步政治，且可確保不會出現專制或極權國家。因此，遺忘的道德能在個人（能接受自己）和集體（能在社會生活）層次發揮作用。我們將在本章的最後一節討論到，這些問題與邊緣和貧困社區特別有關，數據導向的系統對他們的生活造成的影響，可能會不成比例。

人工智慧和數據使用的道德

關於數據提取，有實行數位照護道德的道德義務。同理，關於如何從那些數據提取價值，也有相對的道德義務。數據被演算法系統進行處理和分析，有些演算法系統運作的，是傳統形式的處理與分析，這些工作也可以由人工進行。如今則是使用機器學習形式運作，程式能從數據學習，進而使它的操作與分析更為精細。機器學習創造一種人工智慧，因為程式編碼能經由自身的運作學習，而且可利用這種學習方式改善它的理解和決策。一個重要的擔憂是：關於這些系統的運作方式，到什麼地步會發生準確性和有效性的問題。它的分析與解釋具有的準確性、可靠性和穩健性，我們能信賴多少？是否應該擔心這些系統如何處理你的數據且做決策？是否具備充分的照護道德？我們認為，有一些嚴肅的道德問題必須被提出來且尋求答案。我們擔心的是兩大問題：數據及其訓練方式，還有支持這些活動的程式編碼。

任何系統的穩健程度取決於使用怎樣的數據訓練機器學習，假如數據有錯誤和偏見，將會影響結果和詮釋。有一段熟悉的口頭禪是這樣說的：進來的是垃圾，出去的也是垃圾。這是一大議題。眾所周知，所有大型數據集都有準確性（正確度和忠實度）、不確定性和可靠性等問題。這些問題來自會引入錯誤及偏見的測量和調校方法、抽樣架構，以及數據處理。[40]例如，測量是抽象化與普遍化的過程，涉及將現象轉化為某種表徵形式——如數字、字母、符號、圖像、聲音、電磁波、位元——資訊可能會因此遺失或被轉譯。捕捉數據的方法是如何設定的、使用哪些工具，都會顯著影響蒐集到的數據。

不僅如此，數據可能會遭篡改或偽造，原因是輸入假數據（故意提供假資訊）或使用假帳號及機器人。數據的偏見可能有許多原因。就母體而言，抽樣的樣本統計數據可能不普遍，或者可能因性別、種族、收入、地點和其他社會、經濟因素而產生扭曲（例如，不是每個人都用 Twitter 或 Facebook，或者在特定商店購物、使用特定的電話網絡）。[41]至於忠實度，不是所有數據集都真的代表它所標榜的成果。其中原因或許是在於它們使用的代表工具（例如以研發預算代表創新），或是由於混淆視聽（例如實行慢運算的人謹慎策展在社群媒體的個人資料，並非表達真正的觀點）。

這些問題引來對數據的可信度、代表性和準確性的擔憂，那些以數據為依據的分析，也因此讓人質疑是否有用；這些問題不容易透過清理或整理數據而解決。下一個擔憂是：以站不住腳的數據代表某個族群，會造成多深遠的影響？處理及操作數據的演算法會讓這些影響更錯綜複雜。演算法包含一組明確的步驟，如果能遵循正確的順序，將可以計算的方式處理輸入（指示及／或數據），進而得到期望的結果。[42]一般而言演算法的運作是根據布林邏輯（Boolean logic，「若此則彼」）、附屬的規則集合、微積分、圖論和機率論的數學公式與方程式。製作程式包括將任務及問題轉譯為演算法，再將它們互相套合，組成一個系統。這個轉譯過程可能很具挑戰性，需要精確定義任務／問題為何（邏輯），然後將之分解為一組指令，再加上考慮任何突發事件，例如在不同條件下演算法應如何執行（控制）。[43]如果轉譯問題及／或解決方案時出差錯，後果是程式的運作無法一如預期，會因此造成嚴重的錯誤。

轉譯往往被描繪成技術、良性與常識的過程，實則其過程在本質上是由各種價值觀、決策及政治所規劃與塑造而成。[44]程式人員或許會想要保持如機械一般不帶感情的高度客觀性——即保持超然、公正的工作方式——但他們在編碼時不可能完全脫離自身所在的環境，例如本地習俗、文化、知識和法律。[45]程式會隨著試誤、播放、合作、重用、檢測、討論和協商而演變：它們被編輯、修訂、刪除和重新啟動，也會與他人分享，且經過一次又一次重複。[46]正如 Microsoft 的研究人員塔爾頓．吉勒思皮（Tarleton Gillespie）指出的，製作演算法的過程中，動用大量專業知識、判斷、選擇及限制。[47]而且，製作演算法的目的往往一點都不中性：為了創造價值與資本，或是為了以某種方式勸誘及建構偏好，以及為了辨識、區別和分類群眾。

換句話說，數位系統有可能充滿形形色色的價值觀及偏見，顯著影響其運作方式與結果。有時這些偏見可能是系統的隱含部分，有時則是故意的（例如，目的是以特定方式處理某些類型的人）。有時系統能達到預期的效應，有時或許會有副作用和意外的後果。專有系統通常能達到最多成果，在專有系統（與開源系統相反）中編碼和製作編碼的組織往往都是「黑箱」：也就是說，代碼及生成方式未經審查，因此無法被查詢和質疑。從識別、爭辯和防止系統內的任何歧視而論，這裡顯然存在數據正義問題。[48]

如果我們想要探索、挑戰和糾正任何問題，以確保對數據驅動的系統，在數據和功能兩方面進行某種程度的監督和責任歸屬，那麼，關於數據和代碼的數位照護道德是一項道德義務。這涉及的層面不只是隱私、數據保護和數據完整性，大多數監管方法迄今為止都在關注這些問題。誠如尼克．波斯特隆（Nick Bostrom）和伊利澤．尤考斯基（Eliezer Yudkowsky）所詳述的，人工智慧系統必須在行為上負責，工作上透明，操作上可稽查，不會被操縱，結果可預測，而且不會讓無辜的使用者「無助沮喪地尖叫」。[49]此外，需要對系統的操作和結果進行責任歸屬，至於未能提供照護道德的人，可以針對其違規行為糾正及懲處。有鑑於大多數人缺乏科技素養、技能或權力來評估影響他們的系統是否具備完整性，為了確保能實現責任歸屬，集體和機構必須有所回應。

依我們之見，目前迫切需要公開辯論機器學習、人工智慧和數據使用，以及發展一套有效的回應，能向製造與使用這些系統的人究責。[50]這需要伴隨廣泛的規範辯論，而且並非單純地辯論這些系統的運作方式，同時也要辯論是否需要它們。如果答案是肯定的，則應該以何種形式使用？假如想要開創一個慢運算世界，或許我們需要針對這類創新的發生建立一套規範，而不是簡單回應科技創新和不良影響。就我們目前所知，你們應該積極參與塑造這個辯論。

全體通用的數位照護道德？

奧諾雷在《緩慢頌》問道：「放慢腳步在多大程度上是有錢人的奢侈品？」[51]我們認為這是個好問題。有錢人通常更能控制時程表和生活風格，也更有自主性；而且可以把工作負荷轉移給他人。教育程度高的人更有可能身懷科技素養和技能，能夠配置自己的電腦，對抗數據提取。想想我們兩人：都不富裕，但都受過良好的教育，擁有公立學校的教職，這是一份有保障、長期且待遇算相當不錯的工作。我們對自己的時程表有相當程度的自主性；都沒有年紀輕、長期住在家裡的小孩，雖然其中一人已身為人父；都有一些數位素養能夠修修補補、執行第四章講到的戰術。不過，說到吃維修電腦這行飯，我們還差得遠。我們完全有能力進行慢運算，能主張時間和數據主權。

但每個人都和我們一樣嗎？社會上其他族群能實現同等的慢運算嗎？有色人種、女性、移民、與小孩同住的父母、工作沒有保障的勞工，以及數位素養低的人，容易實行慢運算嗎？反之，他們是不是更容易被加速條件與數據提取影響？在我們看來，某些族群或許受到雙重束縛：一方面是更受制於速度和數據監控的力量，另一方面是更沒有能力掙脫羅網。

有職責在身的人時間自主性較低，更有可能受數位鎖鏈束縛。他們的行程表是根據別人的需求和命令決定，更可能隨時待命，隨著各種活動變化不定，不斷努力處理日程安排。他們圍繞著孩子和各種活動奔波——從學校到足球練習到芭蕾舞課，再到親子同樂日。他們探望年長的親戚、鄰居、朋友——安排家庭協助、醫療護理、雜貨採購。他們試圖在這些活動之間穿插其他活動——工作、打掃、煮食、購物和自己的社交活動。這一切對男女的影響不成比例，尤其是單親媽媽和雙薪家庭的媽媽，受到的影響更大。[52]但我們不分性別對以上情境都很熟悉。想放慢腳步且實行自我照護，同時對他人保持同等水準的照護是一大難題。我們需要的往往是分擔負荷及採用調度策略，例如恢復到時鐘時間而不是網路時間，問題在於協商預期的責任和義務。

同樣的，工作缺乏保障的人——零工時合約、短期合約、非終身職——往往被認定必須配合工作要求，或是覺得必須給人留下好印象，才能保障更有利的工作條件。他們比較無法忽視老闆在晚上十一點打來的電話，或是拒絕延長輪班及超時工作。他們的工作可能比較是按件計酬，待遇和工作進展的速度緊密結合（例如，秤重或按每小時採集到的數量計酬）。他們更有可能在高度受時間控制和受管制的環境中工作，例如有些倉庫和工廠實施上／下班打卡制度且設定每小時目標，遲到或未達成目標的人會受到處罰（包括解僱），如此一來又會影響領取社會福利和尋找其他工作。「零工經濟」——自由工作者、臨時工，可以貼補收入或成為主要收入，例如加入 Uber 司機、在家招待寄宿房客，或者從事零星的承包工作——迫使勞工承擔相當多的勞務和生產工具（例如汽車、自行車或電腦的成本），且改變對薪資水準的期望。[53]以貼補收入來說，零工工作也用工作和相關的壓力占領所謂的「空檔時間」，例如晚上和週末。當你有帳單要付、必須有收入，會使減速看起來似乎不是可行的選擇。同樣的，自營商或小企業老闆需要為下一份合約而忙碌，要能準時交件且不超出預算才有利潤。如果他們有僱用員工且公司財務狀況脆弱，這種驅動力可能會加劇，因為放慢速度恐怕會導致裁員或公司倒閉（於是無法實現對員工的照護道德）。速度和靈敏的反應已經與這些工作安排方式合為一體，想減速或朝九晚五都要付出代價，放假等於沒有收入。在這種環境實行數位照護道德，不是簡單明白的目標。而且，實行起來當然會更加困難，不像那些薪資穩定的長期職位，既有明確的上班時間、假期和工作條件，或許還有積極的工會可以依靠，退休時有一筆退休金等著他們。

關於數據提取和數據的用途，有證據顯示某些人更有可能被採集到相關的數據，而且更容易遭遇特徵分析及社會分類的不良影響。上一節提過，演算法系統不是中性的，內在即建構價值觀，而且該系統的設計目的本來就是為了執行特定任務。這些系統要採集什麼數據、和誰有關、這些數據如何處理、獲得什麼洞察、提取出什麼價值，以及會有什麼結果、如何達到該結果，一切早就決定好了。數據集代表誰的利益、誰的利益被排除在外，都是可以選擇的。例如，國家行政系統與社會福利、犯罪、法律、收入、課稅、健康、教育等有關，在其內部一開始就嵌入價值架構，決定好要採集什麼數據。[54]這些數據接下來會被用來評估資格與福利，以及監視、治理及批准那些公民。貧窮及邊緣化的族群會受到國家更密切地追蹤：他們的生活是如何被治理的，富人遇都遇不到。[55]同樣的，當數據仲介和零售商採用特徵分析系統，貧窮和邊緣化的族群也是容易受害的族群。例如，商家會標記誰是貴賓消費者，可能向他們提供特惠、更好的售價，或是延長信用。這種好康比較不可能輪到貧窮和邊緣化的族群頭上，而他們確實更有可能同時被標記為限制及拒絕往來的消費者。

數據正義的問題，是關於鎖定貧窮與邊緣化社區的數據提取形式。這些提取形式是經由數據集和系統內部的價值架構運作的，不僅繁衍不公不義，也加強支配者的利益。如對象為有色人種和少數民族，這一切作用會加倍。演算法系統會對他們進行種族特徵分析，而這個分析過程含有雙重偏見，一是來自編碼內部的價值觀架構，一是始於機器學習系統所學習的數據之中。[56]以美國境內的預測型治安系統為例，該系統一向被批評從事種族特徵分析及助長體制化種族主義。[57]例如黑人非常有可能被攔下、搜查、拘捕、關押，從古至今都是如此，因此數據訓練和持續不斷的數據都暗示黑人應該被進一步鎖定。於是，自我實現的循環就這樣形成了。在其他預測型特徵分析與社會分類系統，也有和種族特徵分析相同的指控。例如，和信用評分、消費者關係管理，以及社會服務等有關的系統。[58]

莎菲雅・烏莫加・諾貝爾在《壓迫的演算法》記錄種族主義和性別主義如何侵入搜尋引擎及付費廣告的數據與演算法。[59]她揭露搜尋引擎如何對有色人種表現出負面偏見：黑人、白人女性和男性的相似搜尋詞會顯示完全不同的結果，與黑人相關的搜尋更有可能帶有貶義。例如，在性別方面。於 Google 搜尋「black girls」（黑人女孩）比較有可能得到色情結果。Microsoft 在 Twitter 發表 A I 聊天機器人「Tay」，它的設計是能經由別的使用者和它聊天而變聰明。不到二十四小時，就開始發出種族主義與性別主義的推文。因為它的訓練數據——那些與之交談的人——表達厭女和種族主義的觀點，機器人便學會表達這些觀點。[60]這就是機器學習的方式，無可厚非。但那些已經將種族主義與性別主義內化的領域，將會在

AI系統中複製，除非有人對此採取有意義且同心協力的干預措施。[61]

支持某些數位科技的隱性偏見會帶來更深遠的後果。讓我們來看「我們的數據身體」（Our Data Bodies）這個計畫：它訪談夏洛特、底特律和洛杉磯等地的邊緣化公民，檢視在美國的數據導向歧視。他們發表的報告《取回我們的數據》（Reclaiming Our Data）中，[62]受訪者反映出自己的數據提取經驗，且指出許多憂心之處。有一個觀點是「我的數據不代表我是誰」，意識到系統正在去人性化，只把人當作數據點，與真正的人完全相反。有一個感受是「系統和他們作對，而不是為他們做事」，首要原因是這些科技太過於無孔不入，以致人們別無選擇，只好放棄資訊，同時知道若被蒐集的數據有價值也只是對科技提供者有利，與數據所指涉的對象沒有關係。總之，參與者單純地不信任數據導向的系統，也不相信這些系統的設計目的或用途是改善他們的生活。反之，他們眼中的數據導向科技是疏遠、掠奪的，持續在製造結構性不平等。因為這些科技經常阻止他們、使他們遠離有權享用的資源，最終向他們勒索情緒代價，讓他們落得「不安、沮喪、不知所措，又驚又怒」。[63]這些社區最不可能因擁有教育、技能、工具和數據素養，而能在數據提取下保護自己，以及挑戰特徵分析與分類的後果。即使他們能理解及創造對立點以對抗數據導向的歧視，卻未必有公共聲量或政治技能去和資源豐富、力量強大的對手過招。在這些社區，數據提取是個深刻的議題。

如上述討論所突顯的，我們的數位社會有許多關於公平、平等和正義的重大問題。某些族群比其他族群更有可能遭遇加速與數據提取的惡劣影響，同時更沒有能力與之對抗且實行慢運算。由於這些是結構性問題，很難靠個人就能解決，我們需要集體的數位照護道德來因應。這需要人們共同努力，向數位系統的所有者和控制者施壓，藉此推動變革，使他們的系統更具包容性且能讓所有人更有力量。為了讓所有人都能體驗到慢運算的樂趣、享受更均衡的數位社會，我們必須實踐數位照護的道德，它允許人們控制自己的數位生活。

CHAPTER 7

邁向更均衡的數位社會

星期日，晚上十點，本週已經結束。你的表現不錯，成功遠離狂轟的訊息和追趕最新動態，但又不必放棄上線。你記錄自己的數據軌跡，而且與他人一起調整做法，讓生活慢下腳步、避開過度的數據提取。生活沒有秒變完美，但你一直在重新評估數位生活，現在有了更多控制權。這個週末你充分放鬆，沒有掛在網路上寸步不離。明天是星期一，新的一天會再度從早晨六點半開始。問題是：下週的工作日會像往常一樣忙得天昏地暗、壓力山大，或者有可能放慢節奏，更心平氣和、更全神貫注，也更加均衡。你想去檢查電子郵件和社群媒體帳戶，卻又改變心意，明天再看也不遲。沒必要為了一則訊息或 Facebook 上的世界動態而心煩意亂，破壞一夜好眠。事實上，你在想或許可以中斷幾天社群媒體。假如一週只登入數次，應該不至於造成世界末日。你熄了燈，很快就進入夢鄉。

以上情景聽起來還不賴，對吧？你依舊感受得到運算的喜悅，但更符合你的標準。你已

經在加速與數據提取之間取得某種平衡，繼續過著每一天。你的工作與家庭相得益彰，正過著慢運算生活。你不再受數位裝置奴役，掙脫數位鎖鏈後，享受到更多自由。你沒那麼悽悽惶惶、身心沉悶、無法專注。你不是在生活中奔波，而是在你想做的時候做更多想做的事情，而且你不會把別人的要求全當成義務。你覺得有更多屬於自己的時間——可以用來休息、放空、做自己感興趣的事或追求自己的目標，以及沉思冥想。你做的事變少，但更能樂在其中。其實你發現自己更有效率，工作品質得到提升，看起來已經更能控制數位足跡和身影。你依然在使用數位裝置，然而有權決定讓哪些數據被蒐集。更意識到自己的權利，也更了解如何挑戰不法勾當。

當然，你無法徹底做主：畢竟仍有對別人的責任及義務，仍受制於各種機構和企業的利益，而且你能對數位裝置與基礎設施做的修補只有這麼多。實行慢運算意味做起事來會有某種程度的不便，但你甘之如飴，願意適當犧牲而為別人盡數位照護的道德。整體而言，這一切都是值得的，利大於弊。人生總是有很多妥協、讓步，慢運算最終讓你與眾不同。

你也明白，必須持續努力才能維持慢運算生活。我們的數位裝置、使用的各種平臺與基礎設施，都已全面融入每一天的大小事。許多情況下，我們對此心存感激，不使用它們就無法完成任務。此外，加速的壓力會再次降臨——來自家人，他們總是想要找點事做；來自朋友，他們總是想見面就馬上約你；來自老闆和客戶，他們要你全年無休；來自服務供應商，他們想慫恿你回到整天回應個不停的狀態。某些平臺讓人感到強迫與上癮的本質，可能依舊難以抗拒。你和數位裝置、應用程式及服務之間的周旋不可間斷，才能將數位提取降到最低——必須一再檢閱使用條款和條件、調整設定、更新隱私強化工具、實施混淆視聽戰術，以及遊說採用公平資訊實踐原則和設計化隱私。

你或許還是有一場不會結束的奮鬥，就是說服家人、朋友和老闆，讓他們相信慢運算不只對你有用，對他們也是。你不會那麼累、那麼暴躁；你和同事的合作會更充實，和客戶的關係更好；你會更有效率，有更好的想法，病假的天數會更少。德不孤必有鄰，這是當然的。慢運算既是個人努力，也可以是集體行為。我們的主張不是實行慢運算就必須停止或瓦解數據驅動的社會或經濟，也不是要從運算中除去樂趣。相反的，慢運算是關於尋求平衡的回應、彼此的共識和雙贏的局面。我們都可以從接受緩慢的想法和理想中受益。平衡的社會是可能實現、也值得追求的目標。最後這一章，我們重申個人與集體的全套戰術，可以應用這些戰術來實施慢運算、討論面臨的挑戰，以及克服頑強的障礙。

降檔

有鑑於日常生活持續不斷加速，以及加速對生活步調、節奏、行程安排與時段轉換的影響，可以想見在不久的將來每個人都會希望有降檔的選擇。降檔通常是連帶重大改變生活方式。例如，放棄在忙碌的都市壓力沉重地上班，搬到平靜的鄉下，在壓力比較小的環境裡工作。[1]從職場退休是最常見的降檔形式，雖然這不是每個人都有的選項，而且許多人沒有退休金，或者就算有也不多。我們在這裡把降檔當作慢運算的同義詞：指有能力減速及縮小規模，即使只是維持短暫的時間。能夠有傳統形式的降檔是多麼令人嚮往——砍掉重練，過全新的生活——現實卻是必須考量種種義務與資源，以至於對大多數人都是痴人說夢。我們最多只能希望可以在現有的環境裡相對地減速。

降檔是明確表現數位照護的道德，是試圖爭取時間主權，保護自己和他人的幸福。換個說法，就是對我們的生活和時間擁有控制權與自主性。前文已詳細討論過，有許多做法可以主張時間主權。本質上，這些做法有的是個人層次的行動，其他則偏向集體實踐。我們將前面其他章節討論過的各種戰術條列出來——有些是個人的、有些是集體的——這麼做很有用，它讓你能快速查閱、參考。這份清單並非無所不包，我們確信你可以補充更多做法，而其中有的是你已經在做的（關於這些戰術，請參見第四、第五章，有深入討論）：

- 實行有組織的休息和工作；
- 設定完整工作時段，期間內數位分心因素保持最低；
- 找出生活中有哪些方面可以退出而影響很小；
- 上班時間以外，拒絕和同事及客戶在一起，或至少只參加重要場合；
- 區別工作與家庭使用的數位裝置；
- 家用的手機不安裝與工作有關的應用程式；
- 上班時間只使用公務手機；
- 籌設無網路工作場所，員工在這裡可使分心因素降到最少；
- 珍視工作品質、工作場所滿意度及員工健康；
- 限制工作電子郵件寄送時段，避開非上班時間；
- 只在固定時段寄送工作通告電子郵件，而非全天候不限；
- 通告電子郵件只寄給相關人員，而非全體員工；
- 避免在最後一刻變更行程；

- 讓員工能擁有離線權；
- 尊重國定假日和個人休假的神聖地位；
- 迎合不同的學習和工作方式；
- 減緩工作、遊戲、家庭和社交生活的步調與節奏；
- 縮小你的社交圈，僅限你真正想要連結的朋友；
- 改變你過數位生活的方式，只要有可能就離線：
  - 吃完早餐再滑手機；
  - 在火車上看書而不是查看數位裝置；
  - 用餐及休息時間關閉數位裝置的通知功能；
  - 在固定的時段查看電子郵件，且一鼓作氣回覆；
  - 需要關注的事項優先，可忽視的部分略過；
  - 在社群媒體上，只有真正值得花時間的貼文才去點閱；
  - 晚上或週末期間關閉家中的 Wi-Fi 路由器；
  - 想要離線時，將手機／平板電腦切換到「飛航模式」；
  - 睡前一小時內不要使用數位裝置，將它們留在臥室以外場所過夜或關機；

- 刪除強制參與和太花時間又很少回報的應用程式。

• 刻意參與類比型行為：

- 在固定時段安排無數位裝置聚餐；
- 回到以時鐘時間安排聚會；
- 使用紙本日誌及閱讀報紙，而不是線上日曆和新聞；
- 盡力避免參加即時安排的聚會和社交活動；
- 排隊結帳而不是使用自助式結帳設備；
- 使用紙本時間表而不是智慧型手機的應用程式；
- 到本地商店購物而不是網購。

這些戰術都是正視緩慢的需求，能夠幫你降檔。它們反抗加速，從網路時間中解放我們，創造時間。它們帶來某種程度的個人與集體時間主權。然而，紙上談兵容易，甚至看起來不過是常識。如我們討論過的，實際上做起來卻可能很棘手。我們認為，一開始可以只選取其中幾項來做，隨著生活方式逐漸改變，再增加其他做法，而且要持之以恆。理想狀況下，你要「聰明關機」：一樣是實行這些做法，但讓其他人知道你做了什麼，以及為何要這麼做。畢竟我們只是想要減少壓力，不是要增加別人的壓力。

尋求匿名性

我們正快速朝向一個新處境，日常生活的所有環節——我們做的事、如何做、去哪裡、見到誰、說的話、吃的東西——都會被錄存下來。喬治・歐威爾（George Orwell）在反烏托邦小說《一九八四》中有個著名的預言，說將來會有監視鏡頭隨時隨地注視著我們，即使回到家裡也難逃老大哥的天眼。他沒料到的是，我們會樂於購買、使用裝置來主動蒐集自己的數據；[2]他同樣沒想到我們會公開分享自己的思想、意見、影片、活動、行動，無所不可。不僅如此，就像喜劇演員凱斯・洛威爾・堅森（Keith Lowell Jensen）所嘲諷的：許多人最害怕的未必是數據被蒐集，而是沒有人注視著自己或利用那些數據。[3]我們用本書的篇幅所討論的，就是指出不是每個人都這麼想，有許多人想要保護隱私，想要阻絕於特徵分析、社會分類和廣告鎖定之外。我們想要數據驅動的系統公平對待我們、為我們效力，而不是利用我們。我們想要匿名，而且不是十五分鐘就好。

我們渴望一種數位照護道德，它不會破壞國家善盡職責或妨礙企業追求利潤，但能為我們謀取利益並遏止過度剝削的做法。數位照護的道德能提供某種程度的數據主權——就是具有部分能力及自主性，可決定哪些數據可以被蒐集、蒐集後如何處理和如何使用。本書記錄許多個人和集體的做法，我們可利用這些做法來主張數據主權。以下是那些戰術的清單，可供你做為實際行動與政治觀念的快速參考，各項方法的詳細討論可見第四、五章。再次聲明：你一定能想出其他可以補充的做法：

- 策展數位裝置與服務，開啟隱私設定及減少曝露在數據提取環境；
- 使用開源軟體和作業系統；
- 不需要時就關閉智慧型手機與平板電腦的 Wi-Fi 和藍芽功能；
- 使用瀏覽器的私密（無痕）瀏覽功能，以及主動管理／刪除 cookies 和瀏覽歷史；
- 使用隱私加強工具，如 Https Everywhere、Privacy Badger、Ghostery，以及廣告和彈出視窗封鎖工具程式；
- 安裝混淆視聽外掛，如 Do Not Track 和 AdNauseam；
- 使用VPN服務或 Tor 瀏覽器；
- 傳訊及雲端服務採用加密應用程式；

- 使用USB「數據保險套」和攝影機鏡頭蓋；
- 確保最新版的防病毒與惡意程式工具運作中；
- 使用不會追蹤的搜尋引擎，如DuckDuckGo；
- 杜撰假名或假身分登入臨時服務，如免費Wi-Fi；
- 在各個平臺使用不同帳號、個人資料和密碼；
- 檢查網站的架設單位、善用網際網路安全服務；
- 應用程式如無法提供充分保護，即離開該服務、關閉帳號且刪除程式；
- 限制你註冊使用的服務數量，只訂閱你會重複使用的；
- 準備好行使通知權、同意權、選擇權和存取權，且挑戰數據控制者與處理者；
- 主動策展數據足跡——謹慎選擇願意在社群媒體和其他應用程式分享的資訊；
- 需要提供個人資訊的猜謎或遊戲，應避免參加；
- 鼓勵以市場為基礎的解決方案、自我管理，以及另類商業模式；
- 以推廣隱私做為實現競爭優勢的方法；
- 挑戰工作上的正統觀念，改變數據提取及管理做法；
- 促進隱私與數據保護的權利和法規；

- 要求企業與國家為法規及法律負責；
- 鼓勵設計化隱私成為標準及最佳實務；
- 支持成立數據保護官、隱私團隊和外部隱私顧問委員會；
- 制定教育和訓練課程，藉以提高對問題和權利的認識，且提供實用技能；
- 積極打造及推廣公民科技、社區經營、平臺合作社、黑客松和數據深潛；
- 積極開發及推廣開源軟體、工具和資源；
- 支持積極處理數據提取和數據正義議題的組織，如PI、ACLU和EFF。

這些戰術都是針對數據提取而提供數位照護的道德，其中沒有任何一項足以單獨達到強大的數據主權，但若能多項結合，即可實現少量的控制權。為了這個目標必須持續而積極地實行這些做法。不論上述哪一項，只做一次的效果不會持續多久。由於這些數據能產生價值，我們的戰術有許多會遭遇抵制。監控資本主義和注意力經濟將不斷變形，尋找新方法來採集我們的數據，然後貨幣化。我們需要新戰術以有效反抗任何惡劣的影響。因此，時移境遷，你必須與時俱進，跟上新發展且採取應對行動。這麼做很明顯會涉及某些時間與努力成本，然而你的投資很有可能透過維護數據主權而得到回報。而且，集體採行的任何戰術都很有希望讓其他人雨露均霑，獲得照護。

頑強的阻礙

我們在本書一再強調，實行這些戰術和過慢運算生活不容易。有些阻礙十分頑強，以至於加速和數據提取都很難對付，強大的既得利益者寧可保持現狀，剝削式數據生活是有利可圖的。數位數據和遍存運算使企業能從數據提取價值、打開新市場、使現有服務和流程更有效率、提升成效及競爭力。數位生活使管理社會的工作更有效果：提供的公民數據更深入、更廣泛也更及時；能使這些數據互相連結，獲得洞察；以及為操作系統創造即時控制的空間。數位生活為人們提供實實在在的好處——即時通訊和資訊存取、選擇變多且輕易即可找到有競爭力的價格、大量有用的工具和裝置、更廣泛的娛樂機會，以及安排日常生活時更靈活、更方便。企業和國家不願意改變對他們有利的情況，而人們希望繼續體驗運算的樂趣。

事實上，企業不只積極繁殖現有的系統，也不斷加深我們對數位科技的依賴，同時阻撓任何慢運算行為。它們採取措施中斷類比式產品或非連線式數位產品的生產，目標是只剩下「智慧」、連網的裝置可買。[4]它們推出的新產品會頻繁要求互動以及／或者讓它們能蒐集更多數據。它們聘用神經科學家和行為學專家，設法使其產品更有強制性、更能讓人上癮。它們調整商品和服務，讓使用者實行慢運算的空間縮小，無法用來減速或避開平臺和服務。軟體更新會覆寫調整過的設定、安裝新應用程式，或者修改個別應用程式／裝置的安排，進而慫恿新型態的行為。雇主會積極禁止組織工會或設法破壞他們的心血，而且繼續使用不穩定的勞工。它們斥資千百萬去遊說政客及進行公關活動，藉此阻止法規修訂，或是放鬆管制、開闢新市場。[5]

就像有人願意實行慢運算及抵制主流趨勢，有些企業顯然也很清楚，必須比這些抵制保持超前一步。國家會強迫公民透過數位系統和它們互動，並與它們分享數據。它們在運作中增加數位控制，推出新數位服務。它們設法說服大眾接受推行這些措施的基本理由，使用的論述是便利、效率、安全、保障、打擊詐騙等。其中有些系統（如智慧城市科技）則是被動的，提取我們的數據，而我們卻未必知道。我們會感受到家人、朋友、同事和客戶這些同儕施加的壓力，要我們永遠保持連線且能隨時回應。

這些條件共同構成頑強的阻礙，我們必須持續努力克服。對抗這些措施和壓力是項艱苦的工作。即使你擁有做這項工作的社會地位和必要技能，也會落得筋疲力盡。如果你袖手旁觀，它可能看起來像是一座非常高大的山。正如上一章討論的，對某些人來說，實行慢運算比其他人更困難。由於對他人的義務，父母和照護工作人員通常擁有較少的時間自主權。工作缺少保障的人更容易受數位鎖鏈束縛。那些從事按件計酬工作，或是在高度時間控制的環境工作的人，幾乎沒有機會放慢腳步。零工經濟中的勞工必然讓他們的「空檔時間」被工作占領。貧窮和邊緣化的人被國家更密切地監控，而且更有可能承受特徵分析及社會分類的負面影響，幾乎沒有機會選擇退出。有色人種和少數民族更有可能受到系統內固有偏見的影響，這些偏見就存在於系統的價值結構裡。另外，他們會遭遇種族特徵分析和體制化種族主義。有發展問題的兒童和成人無法在時間和數據主權方面行使行動能力。弱勢社區最不可能擁有實行慢運算所需的教育、技能、工具和文化。從這個角度來看，放慢速度和切斷連結是一種特權，並非期望或權利。

上述討論所要強調的是，慢運算有許多限制，構成實踐上的天花板：也就是說，那是實行慢運算的極限，想要繼續下去就需要克服看似不可逾越的企業、政府、機構，或是社會障礙。慢運算——以全面獲得時間和數據主權而言——在很大程度上是一種烏托邦和無法企及的狀態。

儘管如此，其中仍有得到部分成功的空間。畢竟，頑強的阻礙必須被挑戰和克服。當然，想在它們面前取得進展可能很困難，但讓它們在某些方面變得有益，並非完全不可能。

法國和義大利關於離線權的新法律、歐盟GDPR的實施、新隱私工具的製造和開源軟體的成功，再再表示我們能取得進展。我們永遠都有機會實行慢運算且挑戰頑強的阻礙，這正是我們需要努力的。慢運算總會產生混合的現實，這點我們必須接受。例如，某些情況下得到的最佳慢運算會有「加速偏差」（沒有減速但有顯著的「數據舞蹈」），其他情況下則是產生「提取偏差」（有顯著放慢，但很難避免提取）。但是，我們不應該放棄創造條件使慢運算能夠發生。這不僅是為了自己，也是為了其他可能沒有同樣機會的人，還有代代子孫。實行數位照護的道德和集體慢運算如此重要，其原因在此。它們提供道德義務，亦即我們必須說服其他人相信慢運算對社會的好處；同時也提供創造變革動力的集體手段。如果我們一起努力放慢速度，就能迎向一個慢運算世界，並且打造更均衡的數位生活。

思考慢運算

這是本書的最後一章，到目前為止已經重申可以採用的戰術、做法和政治措施，藉此創造你的慢運算生活風格。全書中，我們亦提供觀念和工具，讓你用來思考及理解加速和數據提取的影響。這些觀念和工具包括規範性概念，目的是評估未來應該是什麼樣子，而不光是著眼於現況如何。除了闡述慢運算和數位照護的道德這兩個概念，我們亦借鑑且引申其他幾個觀念，如時間主權、數據主權、遍存運算、數據化、監控資本主義、數據監控、數位鎖鏈、數據舞蹈、數據心態、數位排毒、聰明關機、設計化隱私、離線權、猶豫的現在、網路時間、責任化、數據決定論、預期治理（anticipatory governance）、勾引循環、去中心化網路、數據正義、遺忘的道德、未來的道德、未來的現在、現在的未來等。

其中有些概念相對簡單，在詳細說明和解釋觀念時範圍狹窄且嚴格（如數據舞蹈）；其他概念的範圍、基本原理和邏輯則廣泛許多（如數位照護的道德和數據正義）。事實上這些概念可能有多樣的內涵且有爭辯的餘地，不同的人會闡釋出不一樣的道德和正義思考。與其拆解這些概念，深入詳論某個概念的各個面向和邏輯，以及它們的廣泛知識傳統與種種辯論，我們選擇用容易理解的方式呈現，以突顯它們在理解問題時的功用。我們的目標不是撰寫學術著作，而是利用這些概念幫助你了解數位革命，知道它如何和為何會產生時間與數據主權問題。我們解釋為什麼這些問題很重要且必須糾正，進而讓你能夠以個人和集體的行動解決這些問題。

但是，如果你發現這些概念很有用，而且有興趣進一步了解慢運算，我們鼓勵你閱讀注釋中引用的文章和書籍，幫助你發展思考與積極的反應，甚至可能擴展且深化這些觀念。或者，你可能調適或開發新概念來批判數位生活的本質。以我們所見，進一步發展支持慢運算的概念和工具，會是非常受歡迎及有價值的努力。事實上，從智力的角度追求慢運算，是慢運算的核心戰術，可提供影響政策的證據。

慢運算的樂趣

我們已經抵達旅程的終點，希望也已經說服你接受慢運算的益處：你有可能一方面體驗著運算的樂趣——繼續使用數位科技以實現各種生產目的——同時卻能控制數位生活中，某些大有問題的面向；我們身陷數位世界，但能保留更多時間和數據主權；採行慢運算原則及慢運算的數位照護道德，社會和經濟將會更均衡且更強化；不只個人和社區會因慢運算而受益，企業和政府也會。

為協助你過渡到慢運算生活風格，本書記錄許多供你採用的實踐與政治戰術，我們不支持你全盤採用。為了改善你的數位生活，我們支持你實驗看看哪些方法可行且最有效。至於你採取的方法，第四章詳述的練習是最好的指導：反省你的處境，以稽查的方式確定你陷入加速和數據提取的種種過程，以及該如何自行解開糾纏。

有一點很重要：你使用的戰術有的可能立竿見影，但有的或許必須堅持久一點，必須讓慢運算有時間回報你的投資。慢運算終究是慢，因為它應該需要時間。而且，如我們在本書一再強調的，面對頑強的阻礙和壓力，你必須持續以個人和集體的方式努力以赴。還有一點很重要，就是應該以其他形式實行慢運算——畢竟數位科技不是我們感到生活如此急迫、匆忙的唯一原因，與我們有關的數據也會經由非數位的方式生成。慢運算之路走起來不輕鬆，但它的回報是值得的。我們現在唯一能做的，是祝你一步一步成功打造均衡的數位生活，體驗慢運算的樂趣。

尾聲

疫情下的慢運算

新冠病毒開始肆虐全球之際，正當本書原文版即將付梓。日常生活的各個方面一旦延誤和隨後抑制疫情措施出爐，就會發生變化。剛開始時，關閉大多數工作場所、學校和限制移動，似乎為實行慢運算打開新空間。不在第一線的人被限制在家裡，哪裡都去不了，而不是到處奔波，試圖應付工作日誌裡擁擠的記事和繁多的任務。生活變成靜止不動，例行公事被打斷、忙碌減輕，工作－生活平衡恢復。然而，追求慢運算的可行性如今大受質疑，而且前所未見。

我們的生活在許多方面都變得更加離不開數位化仲介，以我們的情況來說，必須在很短的時間內將教學從大學校園內的面對面形式，轉移到線上虛擬教室。我們必須學會新知識與技能，才能應付新教法與平臺（Teams、Skype、Zoom、Moodle 等）。上課和晤談都必須在家中進行，與家人、朋友的社交互動變成視訊電話、WhatsApp和Facebook。資訊透過社群媒體或新網站流傳、線上影音服務取代出門進行的社交活動。我們的時間依舊四分五裂、不斷插入新活動，但壓力沒有舒緩，反而因為孤立感和經由媒體管道傳來的恐懼與焦慮而益形緊繃。於是我們嘗試按照自己對慢運算的建議，開始限制使用社群媒體，且確定會從事非數位仲介的活動，如運動、烹飪、園藝、閱讀、玩傳統遊戲。

我們算是幸運的，對部分同事（以及學生）來說，在家工作的新數位現實帶來嚴峻挑戰。許多人需要負責照顧無聊、被關起來的孩子，而孩子們需要在家學習、玩耍和安撫，還不得不面對全家人吵著誰要用電腦。有些人學到新技能，知道如何取得及安裝軟體，也弄懂使用新服務的方式。有些人上網的頻寬有限，有些員工因為工作性質特殊，一向不被允許單獨作業，現在則是執行著基本工作。在很多個案，這項工作更加重了，原因是要求變多，或者想在艱困環境下完成工作的壓力。同時，許多基層勞工必須設法解決幼兒照護或其他照護責任的安排，因為學校和托兒所都關閉，各種服務也限縮了。在許多司法管轄區，他們從事這些工作的環境對感染的防護不多，或者不易取得必要的健康保險。有人更是發現自己突然失業，爭先恐後與政府網站周旋，設法爭取福利和失業救濟。

此外，為了阻止病毒擴散，開始出現新的社會與科技措施，增強監控和數據提取行為。

這些科技是由政府與企業主導，推出五個首要目標：一、隔離強制執行／移動許可（知道人們都處於規定的地方，包括強制感染者或密切接觸者在家中隔離，或未感染者是在進行批准的移動）；二、追蹤通聯（知道人們和誰交流）；三、模式與流動建模（知道疾病的分布與傳播，以及有多少人經過某個場所）；四、社交距離與移動監視（知道人們是否遵守建議的安全距離和流量限制）；五、症狀追蹤（知道人們是否出現任何疾病症狀）。[1]

他們投入許多數位科技來執行這些任務，包括智慧型手機應用程式、臉部辨識和末端攝影機、生物特徵量測可穿戴裝置、智慧型安全帽、無人機和預測性分析學。[2]例如中國某些地方，公民被要求在手機安裝某一款應用程式，進入公共空間（如購物中心、公家機關大樓、公共住宅、大眾運輸系統）時必須掃描QR Code，驗證無感染才能允許進入。[3]波蘭政府導入一款居家隔離應用程式，要求隔離中的民眾收到手機簡訊後，二十分鐘內必須自拍一張有地理定位的照片，否則會有警察找上門的風險。[4]以色列擁有先進的數位監視工具，正常情況下是用於反恐。為了防疫，他們啟用這套系統追蹤新冠病毒攜帶者確診前十四天的手機移動情形，用以追蹤密切接觸者。[5]直到二〇二〇年四月中，共有二十八國已製作出通聯追蹤應用程式，使用藍芽偵測且儲存周邊手機的細節，如有曾經在他們附近出現的人確診，就會通知他們。另外亦有十一個國家正規劃立即推出相同應用程式。[6]還有其他國家已採用科技針對測量生物特徵資訊，例如手持式紅外線熱像儀已在許多國家／地區使用，有些是安裝在無人機上，監視公共空間的移動情形。[7]

有科技公司已經提出或積極採取行動，要利用他們的平臺和他們持有的大眾數據，協助對付病毒。最著名的是 Apple 和 Google，他們是智慧型手機 iOS 和 Android 兩種作業系統的供應商，正在開發解決方案協助通聯追蹤。[8]在德國，Deutsche Telekom 這家電信公司向政府提供關於大眾移動情形的聚合式匿名資訊。同樣的，Telecom Italia、Vodafone 和 WindTre 這幾家公司也在義大利做相同的事。[9]Unacast 是一家位置數據的仲介商，利用GPS數據判斷群眾是否有維持社交距離，這些數據來自智慧型手機裡安裝的應用程式，[10]其他有好多家公司也在從事類似的位置和移動分析。Experian 是一家大型全球數據仲介及信用評分公司，它宣布將梳理手上三億名用戶的檔案，確定哪些人可能受疫情影響最大，且將資訊提供給「重要組織」，包括保健照護提供者、聯邦機構和非政府組織。[11]監控資本主義最有問題的部分，有一些已被國家單位重新利用，進一步合法化且鞏固做法。

整個社會都在對抗龐大疫情，此外有些企業更急於實施他們的科技解決方案，例如掃描員工的體溫，或是部署自己的通聯追蹤系統。將來隨著疫情警戒解除，這些措施可能會變得更加普遍，而且使用這些措施可能成為進入工作場所的強制條件。此外，許多公司採用遠距工作監控系統，以便監控在家工作員工的活動和生產力，包括記錄按鍵次數、發送的電子郵件數量及其內容、員工正在列印的東西、持續更新員工的工作狀態，或是在持續進行視訊通話。[12]這些公司主張，它們是努力確保員工不會因為彈性的工作安排而占公司便宜，或者洩露機密資訊。他們沒有考慮到員工正在設法應付工作環境的變化，這些變化可能是因為照護職責增加、與其他人同住、寬頻品質不良或沒有寬頻，以致可能不利於工作。或者，員工必須在短時間內學會新的系統和程序、不一定具有執行設定和維持在家工作所需的ＩＴ服務技能。

毫無疑問，因為希望能有助於限制病毒傳播及挽救生命，有些公民會接受監控科技而不顧潛在的有害影響。其他人則可能認為，公司方面應該知道員工是否有執行他們領薪水應該做的工作。然而，另一個潛在的問題是：在處理、保護和從數據中提取價值方面，數位科技供應商和政府的過往紀錄如何。我們可以合乎邏輯地推測，有關移動、通聯或健康的數據將具有超越當前公共衛生危機的價值，它們會被重新利用，但被利用的方式不一定對公民有益。[13]一個合情合理的擔憂是：疫情危機解除後，公共衛生和工作場所的監視系統是否會關閉？或者，會不會像九一一後採用的系統，成為新監視制度的正常部分？如果我們不爭取數據主權，那麼隱私、公民自由、勞工權利、公民權和民主將面臨新的威脅。[14]

關於這一點，有公民自由組織制定旨在保護隱私和權利的道德原則。這是一項重要的發展，同時也承認數位工具在對付病毒方面的潛在效用。其中的關鍵主張是，我們應該努力確保公民自由和公共衛生，而不是簡單地以前者換取後者。例如，電子邊境基金會、[15]美國公民自由聯盟、[16]艾達．洛夫萊斯研究所（Ada Lovelace Institute），[17]以及歐洲數據保護委員會（European Data Protection Board）[18]已提出下列要求：

- 數據之蒐集與使用必須基於科學和需求；
- 使用之科技在目標、用途和處理等方面必須透明；
- 使用之科技與廣泛的倡議必須設定施行期限；
- 應採用設計化隱私方法，且配合匿名化、強化加密和存取控制；
- 所使用之工具應提供選擇，而且非常清楚說明加入之益處、運作方式及有效期限，然後才徵求同意；
- 應公開發表規範和用戶要求、數據保護／隱私影響評估，以及經國家批准的新冠病毒監控原始碼；
- 數據之分享不得超過倡議範圍，不得重新利用或貨幣化；

- 不應企圖重新辨識匿名數據；
- 使用之科技與廣泛的倡議必須恰當監督使用、為行動負責、有堅實的法律基礎，以及備有考察是否濫用的專用程序。

換句話說，只有在公共衛生專家認為有必要時才能使用這些工具。這些工具的用途是遏制和延遲病毒傳播，一旦危機結束就應停止使用。還要補充一點，即必須對任何潛在的控制潛變保持警覺。也就是說，根據健康狀況而限制移動的應用程式，有可能會繼續使用且擴大標準。

各種因應新冠疫情的措施，在時間和組織方面讓我們遇到有關數位照護道德的問題：如何一方面快速應對新出現的危機，同時又能確保福祉及保護公民權利？如何平衡公共衛生和經濟的利益，以及我們的自我照護？對於這些問題，我們沒有現成的答案；此刻我們都在處理前所未有的情況，要在這種情況下為慢運算制定個人和集體干預措施並非易事。但以我們到目前為止的危機應對來說，可以得出一個明顯的結論，就是雇主和員工需要定義及實現數位照護的道德。可以肯定的是，有些管理人員會追求令人讚賞的做法，在工作量、時間和可提交的成果方面，促進彈性且包容員工。其他管理人員則可能試圖維持一切業務照舊的立場，因而導致員工或同事的壓力加重。

與此同時，數位照護的道德關注的對象是：在非互惠照護職責中掙扎的人、因社會孤立而受到不良影響的人，或者耽溺於媒體報導，因而加劇焦慮且對心理健康造成壓力的人。新的壓力已經降臨在女性身上，尤其是職業母親。她們發現自己的職責愈來愈多，而社會支持卻在縮水。對於有職業的窮人來說，當發現自己在與政府網站交涉以獲得支持，或者是在零售、大眾運輸、照護、清潔等方面從事基層工作，發現自己的保護較少，卻受到數位化仲介制度監督，這時數位照護的道德有了新的意義。受制於數位鎖鏈和社會期望的情況下，要實行慢運算並不容易。

無論這場危機過後會出現什麼樣的社會，數位技術仍將是我們日常生活的一部分基礎。事實上，這場危機可能會導致遠距工作、虛擬會議、數位化互動和線上消費增多；畢竟，社會上的各種反應顯示這些做法可充分補充或替代一部分現有的工作和社會習慣。因此，智慧型手機、個人電腦、智慧城市系統、社群媒體、線上影音服務、線上消費、遊戲、e政府等，將繼續塞爆且配置我們的時間，同時也在提取、利用我們的數據。進階版的監控和數據監控行為可能繼續存在，也就是說，保護自己免於數據提取、確保隱私及抵制新的有害力量將變得更加必要。此刻比任何時候都更需要數位化未來的道德。我們討論的焦點是一項照護的責任，即構思及創造一個社會，讓我們能夠在快速應對危機和隨後的復原過程中，實現慢運算。如果我們要體驗運算的樂趣且享受均衡的數位生活，個人和集體的慢運算仍然是必要的。

誌謝

本書的部分研究係由歐洲研究委員會（Advanced European Research Council）的高級獎助金（研究計畫名稱：《可程式化城市》〔The Programmable City〕，案號：ERC-2012-AG-323636-SOFTCITY）及愛爾蘭科學基金會（Science Foundation Ireland）獎助金（計畫名稱：《建立城市儀表板》〔Building City Dashboards〕，案號：15/IA/3090）贊助。

二〇一七年十一月，我們在梅努斯大學舉辦一場名為「慢運算」的小型研討會，於會中提出一篇進行中的研究報告，它正是本書的誕生起源。非常感謝所有與會者發表的深度論文和饒富啟發的討論。承蒙麥克・布萊特（Mike Bratt）、馬克・波以爾（Mark Boyle）和匿名評審對本書的提案與原稿不吝指教，令我們獲益良多，謹此深表感激。布里斯托大學出版社（Bristol University Press）的保羅・史帝文斯（Paul Stevens）熱情支持出版本書，出版社的其他同仁對本書的出版、行銷所做的貢獻，我們同樣致上無比的謝忱。

12. Mosendz, P. and Melin, A. (2020) Bosses are panic-buying spy software to keep tabs on remote workers. *Los Angeles Times*, 27 March. See https://www.latimes.com/business/technology/story/2020-03-27/coronavirus-work-from-home-privacy.
13. Singer, N. and Sang-Hun, C. (2020) As coronavirus surveillance escalates, personal privacy plummets. *New York Times*, 23 March. See https://www.nytimes.com/2020/03/23/technology/coronavirus-surveillance-tracking-privacy.html.
14. Kitchin, R. (2020); French, M. and Monahan, T. (2020) Dis-ease surveillance: how might surveillance studies address COVID-19? *Surveillance Studies* 18(1). See https://ojs.library. queensu.ca/index.php/surveillance-and-society/article/view/13985.
15. Guarglia, M. and Schwartz, A. (2020) *Protecting civil liberties during a public health crisis*. Electronic Frontier Foundation, 10 March. See https://www.eff.org/deeplinks/2020/03/protecting-civil-liberties-during-public-health-crisis.
16. Stanley, J. and Granick, J.S. (2020) *The limits of location tracking in an epidemic*. ACLU, 8 April. See https://www.aclu.org/sites/default/files/field_document/limits_of_location_tracking_in_an_epidemic.pdf.
17. Ada Lovelace Institute (2020) *Exit Through The App Store*. 20 April. See https://www.adalovelaceinstitute.org/wp-content/uploads/2020/04/Ada-Lovelace-Institute-Rapid-Evidence-Review-Exit-through-the-App-Store-April-2020-1.pdf.
18. European Data Protection Board (2020) *Guidelines 04/2020 on the use of location data and contact tracing tools in the context of the COVID-19 outbreak*. 21 April. See https://edpb.europa.eu/sites/edpb/files/files/file1/edpb_guidelines_20200420_contact_tracing_covid_with_annex_en.pdf.

coronavirus. *Reuters*, 26 February. See https://www.reuters.com/article/us-china-health-data-collection/china-rolls-out-fresh-data-collection-campaign-to-combat-coronavirus-idUSKCN20K0LW.

4. Nielsen, M. (2020) Privacy issues arise as governments track virus. *EU Observer*, 23 March. See https://euobserver.com/coronavirus/147828.
5. Cahane, A. (2020) The Israeli emergency regulations for location tracking of coronavirus carriers. *Lawfare*, 21 March. See https://www.lawfareblog.com/israeli-emergency-regulations-location-tracking-coronavirus-carriers.
6. Linklaters (2020) 28 countries race to launch official Covid-19 tracking apps to reduce the spread of the virus. 16 April. See https://www.linklaters.com/en/about-us/news-and-deals/deals/2020/april/28-countries-race-to-launch-official-covid-19-tracking-apps-to-reduce-the-spread-of-the-virus.
7. Nellis, S. (2020) As fever checks become the norm in coronavirus era, demand for thermal cameras soars. *Reuters*, 9 April. See https://www.reuters.com/article/us-health-coronavirus-thermal-cameras-fo/as-fever-checks-become-the-norm-in-coronavirus-era-demand-for-thermal-cameras-soars-idUSKCN21R2SF; Url, S. (2020) Drones take Italians'temperature and issue fines. *Arab News*, 10 April. See https://www.arabnews.com/node/1656576/world.
8. Brandom, R. and Robertson, A. (2020) Apple and Google are building a coronavirus tracking system into iOS and Android. *The Verge*, 10 April. See https://www.theverge. com/2020/4/10/21216484/google-apple-coronavirus-contract-tracing-bluetooth-location-tracking-data-app.
9. Pollina, E. and Busvine, D. (2020) European mobile operators share data for coronavirus fight. *Reuters*, 18 March. See https://www.reuters.com/article/us-health-coronavirus-europe-telecoms/european-mobile-operators-share-data-for-coronavirus-fight-idUSKBN2152C2.
10. Fowler, G.A. (2020) Smartphone data reveal which Americans are social distancing (and not). *Washington Post*, 24 March. See https://www.washingtonpost.com/technology/2020/03/24/social-distancing-maps-cellphone-location/.
11. Wodinsky, S. (2020) Experian is tracking the people most likely to get screwed over by coronavirus. *Gizmodo*, 15 April. See https://gizmodo.com/experian-is-tracking-the-people-most-likely-to-get-scre-1842843363.

com/2016/3/24/11297050/tay-microsoft-chatbot-racist.

61. Benjamin, R. (2019).
62. Petty, T., Saba, M., Lewis, T., Gangadharan, S. P. and Eubanks, V. (2016) *Our Data Bodies: Reclaiming Our Data*. Our Data Bodies Project. https://www.odbproject.org/wp-content/uploads/2016/12/ODB.InterimReport.FINAL_.7.16.2018. pdf.
63. Petty, T., et al (2016).

Chapter 7

1. Drake, J. D. (2001) *Downshifting: How to Work Less and Enjoy Life More*. Berrett-Koehler Publishers, Oakland, CA.; Ghazi, P. and Jones, J. (2004) *Downshifting: A Guide to Happier, Simpler Living*. Hodder & Stoughton, London.
2. Jones, J. (2017) George Orwell predicted cameras would watch us in our homes; he never imagined we'd gladly buy and install them ourselves. *Open Culture*, 28 Nov. http://www.openculture.com/2017/11/george-orwell-never-imagined-wed-gladly-buy-and-install-cameras-in-our-homes.html.
3. Keith Lowell Jensen (2013) https://twitter.com/keithlowell/status/347741181997879297?lang=en.
4. 例如，強制換裝智慧型水電瓦斯錶，將可更精密得知住宅內電力、瓦斯和自來水的使用情形。
5. 例如，Uber 在全世界遊說全國及地方政府鬆綁對計程車業的管制，使它得以合法進入新市場。

尾聲

1. *The Economist* (2020) Countries are using apps and data networks to keep tabs on the pandemic. *The Economist*, 26 March. https://www.economist.com/briefing/2020/03/26/countries-are-using-apps-and-data-networks-to-keep-tabs-on-the-pandemic.
2. Kitchin, R. (2020) Using digital technologies to tackle the spread of the coronavirus: Panacea or folly? *Programmable City Working Paper 44*. See http://progcity.maynoothuniversity.ie/wp-content/uploads/2020/04/Digital-tech-spread-of-coronavirus-Rob-Kitchin-PC-WP44.pdf.
3. Goh, B. (2020) China rolls out fresh data collection campaign to combat

Mateas, M., Reas, C., Sample, M. and Vawter, N. (2012) *10 PRINT CHR$ (205.5 + RND (1)); GOTO 10*. MIT Press, Cambridge, MA.
46. Kitchin, R. and Dodge, M. (2011).
47. Gillespie, T. (2014a). The relevance of algorithms. In Gillespie, T., Boczkowski, P. J. and Foot, K. A. (eds) *Media Technologies: Essays on Communication, Materiality, and Society*. MIT Press, Cambridge, MA. p. 167–93.
48. Taylor, L. (2017).
49. Bostrom, N. and Yudkowsky, E. (2014) The ethics of artificial intelligence. In Frankish, K. and Ramsey, W. (eds) *The Cambridge Handbook of Artificial Intelligence*. Cambridge University Press, Cambridge, p. 316–34.
50. 關於 AI 和道德，在學術界及各種機構的圈子正出現一股辯論。例如，歐盟已成立一個人工智慧高級專家組（High-Level Expert Group on AI），將會提出一套歐洲對應 AI 議題的策略，納入道德、法律和社會問題等方面的相關建議。請參見：https://ec.europa.eu/digital-single-market/en/high-level-expert-group-artificial-intelligence.
51. Honore, C. (2005) p. 49.
52. Wajcman, J. (2015).
53. Woodcock, J. and Graham, M. (2019) *The Gig Economy: A Critical Introduction*. Polity Books, Cambridge.
54. Johnson, J. A. (2013) From open data to information justice. Paper presented at the Annual Conference of the Midwest Political Science Association, 13 April, Chicago, Illinois. http://papers.ssrn.com/abstract=2241092.
55. Eubanks, V. (2018).
56. Benjamin, R. (2019).
57. Stroud, M. (2014); Edwards, E. (2016) Predictive policing software is more accurate at predicting policing than predicting crime. *Huffington Post*, 31 Aug. https://www. huffingtonpost.com/entry/predictive-policing-reform_us_57c6ffe0e4b0e60d31dc9120; Jefferson, B. J. (2018) Policing, data, and power-geometry: Intersections of crime analytics and race in urban restructuring. *Urban Geography* 39(8): 1247–64.
58. Harcourt, B. (2008); Benjamin, R. (2019).
59. Noble, S. U. (2018).
60. Vincent, J. (2016) Twitter taught Microsoft's AI chatbot to be a racist asshole in less than a day. *The Verge*, 24 Mar. https://www.theverge.

28. Dencik, L., Hintz, A. and Cable, J. (2016) Towards data justice? The ambiguity of anti-surveillance resistance in political activism. *Big Data & Society* 3(2): 1–12; Taylor, L. (2017) What is data justice? The case for connecting digital rights and freedoms globally. *Big Data & Society* 4(2), July–Dec: 1–14.
29. Sabbagh, C. and Schmitt, M. (2016).
30. Santucci, G. (2013).
31. Tarin, D. (2015) Privacy and Big Data in smart cities. *AC Actual Smart City*, 28 Jan. http://www.smartscities.com/en/latest3/tech-2/item/503-privacy-and-big-data-in-smart-cities.
32. Schneier, B. (2015) How we sold our souls – and more – to the Internet giants. *The Guardian*, 17 May. www.theguardian. com/technology/2015/may/17/sold-our-souls-and-more-to-Internet-giants-privacy-surveillance-bruce-schneier.
33. Cohen, J. (2012); Cavoukian, A. (2009).
34. Rambam, S. (2008); Rubenking, N. (2013).
35. Cohen, J. (2012); Solove, D. J. (2007).
36. Schneier, B. (2015).
37. Angwin (2014) 以各種嘗試持續想恢復她的隱私，突顯在數據大量生成的環境下，想在隱私保護或補救方面獲得任何有意義的成果，是非常困難的。與她有關的數據已經生成，儘管她精通技術且可接觸到該領域的頂尖專家，想尋找技術解決方案來限制這些數據，仍是非常辛苦的任務。
38. Dodge, M. and Kitchin, R. (2007).
39. Schacter, D. L. (2001) *The Seven Sins of Memory: How the Mind Forgets and Remembers*. Houghton Mifflin, Boston, MA.
40. Kitchin, R. (2014).
41. Bollier, D. (2010) *The Promise and Peril of Big Data*. The Aspen Institute. http://www.aspeninstitute.org/sites/default/files/content/docs/pubs/The_Promise_and_Peril_of_Big_Data.pdf.
42. Kitchin, R. (2017) Thinking critically about and researching algorithms. *Information, Communication and Society* 20(1): 14–29.
43. Kitchin, R. (2017).
44. Seaver, N. (2013) Knowing algorithms, in *Media in Transition 8*, Cambridge, MA. http://nickseaver.net/papers/seaverMiT8. pdf.
45. Montfort, N., Baudoin, P., Bell, J., Bogost, I., Douglass, J., Marino, M. C.,

13. Bleecker, J. and Nova, N. (2009).
14. Bleecker, J. and Nova, N. (2009).
15. Adams, B. and Groves, C. (2007) *Future Matters: Action, Knowledge, Ethics*. Brill, Leiden.
16. 例如，我們對潮汐和月球循環的預測很準確，預測天氣方面也很不錯。
17. Seligman et al (2016).
18. Adams, B. and Grove, C. (2007).
19. Söderström, O., Paasche, T., and Klauser, F. (2014) Smart cities as corporate storytelling. *City*, 18(3): 307–20; Sadowski, J. and Bendor, R. (2019) Selling smartness: Corporate narratives and the smart city as a sociotechnical imaginary. *Science, Technology, & Human Values*, 44(3): 540–563.
20. Datta, A. (2016) Introduction: Fast cities in an urban age. In Datta, A. and Shaban, A. (eds) *Mega-Urbanization in the Global South: Fast Cities and New Urban Utopias of the Postcolonial State*. Routledge, London, p. 1–27.
21. Datta, A. and Shaban, A. (2016) Slow: Towards a decelerated urbanism. In Datta, A. and Shaban, A. (eds) *Mega-Urbanization in the Global South: Fast Cities and New Urban Utopias of the Postcolonial State*. Routledge, London, p. 205–20; Kitchin, R. (2019) Towards a genuinely humanizing smart urbanism. In Cardullo, P., di Feliciantonio, C. and Kitchin, R. (eds) *The Right to the Smart City*. Emerald, Bingley, p. 193–204.
22. Kitchin, R., Cardullo, P. and di Feliciantonio, C. (2019).
23. Adam, B. (2008) Of timespaces, futurescapes and timeprints. Presentation at Lüneburg University. http://www.cardiff.ac.uk/socsi/futures/conf_ba_lueneberg170608.pdf.
24. Anderson, B. (2010) Preemption, precaution, preparedness: Anticipatory action and future geographies. *Progress in Human Geography* 34(6): 777–98.
25. Adams, B. and Grove, C. (2007).
26. Groves, C. (2009) Future ethics: Risk, care and non-reciprocal responsibility. *Journal of Global Ethics* 5(1): 17–31.
27. 關於數據正義的介紹可參見以下四個持續進行中的專案網站：Data Justice Lab at Cardiff University：https://datajusticelab.org/; Global Data Justice at Tilberg University；https://globaldatajustice.org/；Datactive at Amsterdam University：https://data-activism.net/；and Our Data Bodies in the United States: https://www.odbproject.org/.

2. Tronto, J. C. (2005) An ethic of care. In Cudd, A. E. and Andreasen, R. O. (eds) *Feminist Theory: A Philosophical Anthology*. Blackwell, Oxford, p. 251–63.
3. 社會正義的不同理論說明，請參見：Sabbagh, C. and Schmitt, M. (eds) (2016) *Handbook of Social Justice Theory and Research*. Springer, New York; Smith, D. M. (1994) *Geography and Social Justice*. Blackwell, Oxford.
4. Gilligan, C. (1987) Moral orientation and moral development. In Kittay, E. and Meyers, D. (eds) *Women and Moral Theory*. Rowman & Littlefield Publishers, Totowa, NJ, p. 19–33.
5. Tronto, J. C. (2005).
6. Eichstaedt, P. (2011) *Consuming the Congo: War and Conflict Minerals in the World's Deadliest Place*. Lawrence Hill Books, Chicago; Fowler, B. A. (2018) *Electronic Waste: Toxicology and Public Health Issues*. Academic Press, London; Lepawsky, J. (2018) *Reassembling Rubbish: Worlding Electronic Waste*. MIT Press, Cambridge, MA.
7. Tarnoff, B. (2019) To decarbonize we must decomputerize: Why we need a Luddite revolution. *The Guardian*, 18 Sept. https://www.theguardian.com/technology/2019/sep/17/tech-climate-change-luddites-data.
8. Right to Disconnect. Wikipedia. https://en.wikipedia.org/wiki/Right_to_disconnect.
9. Delmas, M.A. and Burbano, V. C. (2011) The drivers of greenwashing. *California Management Review* 54(1): 64–87.
10. Wagner, B. (2018) Ethics as an escape from regulation: From ethics-washing to ethics-shopping? In Hildebrandt, M. et al (eds) *Being Profiling: Cogitas Ergo Sum*. Amsterdam University Press, Amsterdam, p. 84–89; O'Keefe, K. and O'Brien, D. (2018) *New Paradigm or Ethics Washing? An Analysis of Facebook's Ethics Report*. Castlebridge, Dublin. https://www.castlebridge. ie/new-paradigm-or-ethics-washing-an-analysis-of-facebooks-ethics-report/.
11. Parsons, W. (2004) Not just steering but weaving: Relevant knowledge and the craft of building policy capacity and coherence. *Australian Journal of Public Administration* 63(1): 43–57; Kitchin, R., Lauriault, T. and McArdle, G. (2015) Knowing and governing cities through urban indicators, city benchmarking and real-time dashboards. *Regional Studies, Regional Science* 2: 1–28.
12. Leccardi, C. (2007); Hassan, R. (2007); Bleecker, J. and Nova, N. (2009); de Lange, M. (2018).

52. Detroit Digital Justice Coalition. http://detroitdjc.org/data-justice/.
53. 'Promoting Data Protection by Privacy Enhancing Technologies (PETs)', COM(2007) 228 final, cited in European Data Protection Supervisor (2014).
54. Privacy Enhancing Technologies. Wikipedia. https://en.wikipedia.org/wiki/Privacy-enhancing_technologies.
55. See The Center for Internet and Society. PET. https://cyberlaw.stanford.edu/wiki/index.php/PET for a list of PETs.
56. A Global Standard for Data Protection Law. Privacy International. https://privacyinternational.org/impact/global-standard-data-protection-law.
57. EDRi (2018) GDPR: A new philosophy of respect. EDRi, 24 May.https://edri.org/press-release-gdpr-philosophy-respect/.
58. Jarvinen, H. (2015) EU Data Protection Package – Lacking ambition but saving the basics. EDRi, 17 Dec. https://edri.org/eu-data-protection-package-lacking-ambition-but-saving-the-basics/.
59. Liberty (2018) Liberty wins first battle in landmark challenge to mass surveillance powers in the Investigatory Powers Act. Liberty, 27 Apr. https://www.libertyhumanrights.org.uk/news/press-releases-and-statements/liberty-wins-first-battle-landmark-challenge-mass-surveillance.
60. McGuire, D. (2018) Connecticut's plan to install electronic tolling could be a privacy nightmare. ACLU, 25 July. https://www.aclu.org/blog/privacy-technology/location-tracking/connecticuts-plan-install-electronic-tolling-could-be.
61. Bitar, J. and Stanley, J. (2018) Are stores you shop at secretly using face recognition on you? ACLU, 26 Mar. https://www.aclu.org/blog/privacy-technology/surveillance-technologies/are-stores-you-shop-secretly-using-face.
62. Handeyside, H. (2018) We're demanding the government come clean on surveillance of social media. ACLU, 24 May. https://www.aclu.org/blog/privacy-technology/Internet-privacy/were-demanding-government-come-clean-surveillance-social.

Chapter 6

1. Held, V. (2005) *The Ethics of Care*. Oxford University Press, Oxford; Tronto, J. C. (1993) *Moral Boundaries: A Political Argument for an Ethic of Care*. Routledge, New York.

34. Ettlinger, N. (2018) Algorithmic affordances for productive resistance. *Big Data and Society* 5: 1–13.
35. Milan, S. and van der Velden, L. (2016) The alternative epistemologies of data activism. *Digital Culture & Society* 2(2): 57–74.
36. Milan, S. and van der Velden, L. (2016).
37. Schrock, A. (2018) *Civic Tech*. Rogue Academic Press, Los Angeles.
38. Powell, A. (2008) Wifi publics: Producing community and technology. *Information, Communication & Society* 11(8): 1068–88; Cardullo, P. (2017) Gentrification in the mesh? An ethnography of Open Wireless Network (OWN) in Deptford. *City* 21(3-4): 405–19.
39. Tucker, B. (2017) How a remote South African rural community, with barely any electricity, built its own ISP. *Quartz Africa*, 9 Dec. https://qz.com/africa/1152288/an-eastern-cape-rural-community-in-south-africa-have-their-own-isp/.
40. King, J. (2012) A tech innovation in Detroit: Connect people, not computers. *ColorLines*, 3 Oct. https://www.colorlines.com/articles/tech-innovation-detroit-connect-people-not-computers.
41. Lepp, H. (2015) An investigation of decentralized networks based upon wireless mobile technologies. *Intersect* 8(2): 1–16.
42. Meyer, R. (2014) What Firechat's success in Hong Kong means for a global internet. *The Atlantic*, 6 Oct. https://www.theatlantic.com/technology/archive/2014/10/firechat-the-hong-kong-protest-tool-aims-to-connect-the-next-billion/381113/.
43. Lepp, H. (2015).
44. Platform Cooperativism Consortium. https://platform.coop/.
45. Fraser, A. (2019).
46. Grower Data Coop. https://www.gisc.coop/.
47. AgXchange. https://agproexchange.com/about/.
48. Dodge, M. and Kitchin, R. (2013) Crowdsourced cartography: Mapping experience and knowledge. *Environment and Planning A* 45(1): 19–36.
49. Perng, S-Y., Kitchin, R. and MacDonncha, D. (2018) Hackathons, entrepreneurial life and the making of smart cities. *Geoforum* 97: 189–197.
50. #Hack4Good. https://www.hack4good.io/.
51. Data for Black Lives. http://d4bl.org/.

26. See Minelli et al (2013) p. 156; OECD (1980) *OECD Guidelines on the Protection of Privacy and Transborder Flows of Personal Data.* http://www.oecd.org/sti/ieconomy/oecdguidelinesonthe protectionofprivacyandtransborderflowsofpersonaldata.htm.
27. The White House (2012) Consumer data privacy in a networked world: A framework of protecting privacy and promoting innovation in the global digital economy. http://www. whitehouse.gov/sites/default/files/privacy-final.pdf; Article 29 Data Protection Working (2014); FTC (2000) *Privacy Online: Fair Information Practice Principles in the Electronic Marketplace.* Federal Trade Commission, Washington DC. http://www.ftc.gov/sites/default/files/documents/reports/privacy-online-fair-information-practices-electronic-marketplace-federal-trade-commission-report/privacy2000text.pdf; Ramirez (2013); Lomas, N. (2015) The FTC warns Internet of Things businesses to bake in privacy and security. *TechCrunch*, 8 Jan. http://techcrunch.com/2015/01/08/ftc-iot-privacy-warning; New Zealand Data Futures Forum (2014) *Harnessing the Social and Economic Power of Data.* http://www.nzdatafutures.org.nz/sites/default/files/NZDFF_harness-the-power.pdf; CIPPIC (2006).
28. S. 1158 (114th): Consumer Privacy Protection Act of 2015. GovTrack. https://www.govtrack.us/congress/bills/114/s1158.
29. Cavoukian, A. (2009).
30. Cavoukian, A. and Castro, D. (2014) *Big Data and Innovation, Setting the Record Straight: De-identification Does Work.* Information and Privacy Commissioner Ontario, Canada. http://www2.itif.org/2014-big-data-deidentification.pdf.
31. Davis, B. (2017) GDPR requires privacy by design, but what is it and how can marketers comply? *Econsultancy*, 25 Aug. https://econsultancy.com/gdpr-requires-privacy-by-design-but-what-is-it-and-how-can-marketers-comply/.
32. Carson, A. (2014) Seattle launches sweeping, ethics-based privacy overhaul. *The Privacy Advisor*, 7 Nov; Goldsmith, S. (2015) Protecting big data: Seattle's digital privacy initiative aims to keep innovation on track with new data safeguards. *Data-Smart City Solutions*, 29 Sept. https://datasmart.ash.harvard.edu/news/article/protecting-big-data-742.
33. http://www.seattle.gov/information-technology/privacy-program.

ago with this presentation. *The Verge*, 10 May. https://www.theverge.com/platform/amp/2018/5/10/17333574/google-android-p-update-tristan-harris-design-ethics.
16. Center for Humane Technology. http://humanetech.com/.
17. Google Digital Wellbeing. https://wellbeing.google/.
18. Angwin, J. (2014).
19. Hern, A. (2018) No tracking, no revenue: Apple's privacy feature costs ad companies millions. *The Guardian*, 9 Jan. https://www.theguardian.com/technology/2018/jan/09/apple-tracking-block-costs-advertising-companies-millions-dollars-criteo-web-browser-safari.
20. Corbyn, Z. (2018) Decentralisation: The next big step for the world wide web. *The Guardian*, 8 Sept. https://www. theguardian.com/technology/2018/sep/08/decentralisation-next-big-step-for-the-world-wide-web-dweb-data-internet-censorship-brewster-kahle.
21. Corbyn, Z. (2018).
22. Harbinja, E. and Karagiannopoulos, V. (2019) Web 3.0: The decentralised web promises to make the internet free again. *The Conversation*, 11 Mar. https://theconversation.com/web-3-0-the-decentralised-web-promises-to-make-the-internet-free-again-113139.
23. Edina Harbinja and Vasileios Karagiannopoulos (2019) 指出：「可實現 DWeb 的部分科技已經開發出來了，例如 Databox Project（https://www.databoxproject.uk/about/）。它的目標是創造開源裝置，這些裝置是在本地儲存及控制使用者的數據，而不是由科技公司蒐集之後為所欲為。ZeroNet（https://zeronet.io/）是現有網路的替代選擇，它的網站架設在一個由眾多參與電腦所組成的網路，有別於中心化的伺服器。它的保密機制是和比特幣相同的密碼學。甚至還有 DWeb 版的 YouTube，名為 DTube（https://about.d.tube/），它將影片儲存在去中心化的電腦網路上，使用以區塊鏈為基礎的公開帳本做為數據庫及支付系統。」
24. See Barabas, C. et al (2017) *Defending Internet Freedom through Decentralization: Back to the Future?* http://dci.mit.edu/assets/papers/decentralized_web.pdf.
25. Meyer, D. (2018) Telegram starts to play nice with security agencies over user data, but not in Russia. ZDNet, 29 Aug. https://www.zdnet.com/article/telegram-starts-to-play-nice-with-security-agencies-over-user-data-but-not-in-russia/.

Chapter 5

1. Right to Disconnect. Wikipedia. https://en.wikipedia.org/wiki/Right_to_disconnect.
2. Right to Disconnect. Wikipedia. https://en.wikipedia.org/wiki/Right_to_disconnect.
3. Right to Disconnect. Wikipedia. https://en.wikipedia.org/wiki/Right_to_disconnect.
4. Ortega, F. (2009). The cerebral subject and the challenge of neurodiversity. *BioSocieties* 4(4): 425–45.
5. Eurofound (2016).
6. Farnsworth, C. B. (2015) Dutch architect argues for Faraday-like safe rooms that IOT can't penetrate. *Green Builder*, 19 May. https://www.greenbuildermedia.com/Internet-of-things/safe-room-haven-from-iot.
7. Ram House (2015). Space Caviar. http://www.spacecaviar.net/ram-house/.
8. Stinson, L. (2013) This signal-blocking Faraday cage might drive you crazy. *Wired*, 17 Dec. https://www.wired.co.uk/article/life-size-faraday-cage.
9. Manaugh, G. (2015) New urbanist: Giving physical shape to invisible signals. *New Scientist*, 9 June. https://www. newscientist.com/article/dn27685-new-urbanist-giving-physical-shape-to-invisible-signals/.
10. Angwin, J. (2014), p. 223.
11. Minelli et al (2013); Mayer-Schonberger and Cukier (2013).
12. Article 29 Data Protection Working (2014); Fuster, G. G. and Scherrer, A. (2015) *Big Data and Smart Devices and Their Impact on Privacy*. Committee on Civil Liberties, Justice and Home Affairs (LIBE), Directorate-General for Internal Policies, European Parliament. http://www.europarl.europa.eu/RegData/etudes/STUD/2015/536455/IPOL_STU(2015)536455_EN.pdf.
13. Parakilas, S. (2017) We can't trust Facebook to regulate itself. *New York Times*, 19 Nov. https://www.nytimes.com/2017/11/19/opinion/facebook-regulation-incentive.html.
14. Dance, G. J. X., Confessore, N. and LaForgia, M. (2018) Facebook gave device makers deep access to data on users and friends. *New York Times*, 3 June. https://www.nytimes.com/interactive/2018/06/03/technology/facebook-device-partners-users-friends-data.html.
15. Newton, C. (2018) Google's new focus on well-being started five years

34. Goodman, M. (2015) *Future Crimes: A Journey to the Dark Side of Technology – and How to Survive It*. Bantam Press, New York.
35. Cheney-Lippold, J. (2017) p. 239.
36. Cheney-Lippold, J. (2017) p. 240.
37. Cheney-Lippold, J. (2017) p. 241.
38. Honoré, C. (2005).
39. Honoré, C. (2005) p. 34.
40. From the book *Postcards from the Edge* by Carrie Fisher (1987), cited in Honoré, C. (2005) p. 12.
41. Lustig, R. (2017).
42. Eyal, N. (2014).
43. Lustig, R. (2017).
44. Eyal, N. (2014).
45. Oberhaus, D. (2018) How I quit Apple, Microsoft, Google, Facebook, and Amazon. *Motherboard*, 13 Dec. https://motherboard.vice.com/en_us/article/ev3qw7/how-to-quit-apple-microsoft-google-facebook-amazon.
46. See Desjardins, J. (2018) These are the world's largest tech giants. World Economic Forum. https://www.weforum.org/agenda/2018/07/visualizing-the-world-s-20-largest-tech-giants for the 2018 valuations of these companies.
47. Fisher, M. (2009) *Capitalist Realism: Is There No Alternative?* Zero Books, Ropley, Hants.
48. Dencik, L. (2018) Surveillance realism and the politics of imagination: Is there no alternative? *Krisis: Journal for Contemporary Philosophy,* Issue 1, Data Activism: 36–42.
49. Smith, G. J. D. (2018) Data doxa: The affective consequences of data practices. *Big Data and Society* 5: 1–15.
50. Fisher, M. (2009) p. 21.
51. Dodge, M. and Kitchin, R. (2005) Code and the transduction of space. *Annals of the Association of American Geographers* 95(1): 162–180.
52. Dodge, M. and Kitchin, R. (2005) Codes of life: Identification codes and the machine-readable world. *Environment and Planning D: Society and Space* 23(6): 851–81.

用情形且向你推送廣告。若要取消廣告 ID：在 Android 系統上前往設定＞隱私＞進階＞廣告，點選「重設廣告 ID」或「退出廣告個人化」；在 iOS 系統上，前往「設定」＞「隱私權」＞「廣告」，然後打開「限制廣告追蹤」或「重置廣告識別碼」。Newman, L. H. (2019) A simple way to make it harder for mobile ads to track you. *Wired*, 21 Sept. https://www.wired.com/story/ad-id-ios-android-tracking/.

18. 例如，改變設定，關閉分享位置、存取聯絡簿或照片、推送通知等項目，或是確定相機、麥克風等功能未經特別許可不得使用。
19. https://www.mywot.com/；https://safeweb.norton.com；https://global.sitesafety.trendmicro.com/（請注意：這些網站也會監看你訪問過和有興趣的網站。）
20. 例如商業促進局（Better Business Bureau，https://www.bbb.org/；線上信任聯盟（Online Trust Alliance，https://otalliance.org/；以及 TrustArc（https://www.trustarc.com/）。
21. https://www.facebook.com/help/1701730696756992.
22. See https://aboutthedata.com/.
23. Article 17, GDPR, Right to erasure ('right to be forgotten'). https://gdpr-info.eu/art-17-gdpr/.
24. Khandelwal, S. (2017) Google collects Android location data even when location service is disabled. *The Hacker News*, 21 Nov. https://thehackernews.com/2017/11/android-location-tracking.html.
25. What is open source? https://opensource.com/resources/what-open-source.
26. 如果你是使用公司電腦或智慧型手機，安裝開源作業系統、開源程式之前應先向 IT 部門確認相關事宜。
27. 可前往下述貼文查看詳細清單，包括聲音與寫作套裝軟體：Cullen Vance's post:：https://www.facebook.com/cullenvance/posts/2111143198907530.
28. Brunton, F. and Nissenbaum, H. (2016) *Obfuscation: A User's Guide for Privacy and Protest*. MIT Press, Cambridge, MA.
29. Cheney-Lippold, J. (2017) p. 231.
30. https://cs.nyu.edu/trackmenot/.
31. Cheney-Lippold, J. (2017) p. 232.
32. https://adnauseam.io/.
33. Virtual Private Network, Wikipedia. https://en.wikipedia.org/wiki/Virtual_private_network.

Chapter 4

1. Cheney-Lippold, J. (2017) p. 194.
2. Carlo Petrini, founder of the Slow Food movement, cited in Honoré, C. (2005) p. 16.
3. Rosa, H. (2015) p. 321.
4. Pang, A. S-K. (2016).
5. Honoré, C. (2005).
6. Pang, A. S-K. (2016).
7. Honoré, C. (2005).
8. Honoré, C. (2005).
9. Carter, B., Rees, P. and Hale, L. (2016) Association between portable screen-based media device access or use and sleep outcomes. *JAMA Pediatrics* 170(12): 1202–08. https://jamanetwork.com/journals/jamapediatrics/fullarticle/2571467; Loria, K. and Gould, S. (2017) How smartphone light affects your brain and body. *The Business Insider*, 11 July. https://www.businessinsider.com/how-smartphone-light-affects-your-brain-and-body-2017-7.
10. Pang, A. S-K. (2016).
11. Chen, B. X. (2018).
12. Hayles, K. N. (2017) *Unthought: The power of the cognitive unconscious*. University of Chicago Press, Chicago, p. 203.
13. Cheney-Lippold, J. (2016) p. 198.
14. Fraser, A. (2019) Land grab/data grab: Precision agriculture and its new horizons, *The Journal of Peasant Studies* 46(5): 893–912.
15. Kukutai, T. and Taylor, J. (eds) (2016) *Indigenous Data Sovereignty: Towards An Agenda*. Australian National University Press, Acton; Mann, M. and Daly, A. (2019) (Big) Data and the North-in-South: Australia's Informational Imperialism and Digital Colonialism. *Television & New Media* 20(4): 379–95; Global Indigenous Data Alliance (GIDA) (2019) *CARE Principles for Indigenous Data Governance*. https://www.gida-global.org/care.
16. Cardullo, P. and Kitchin, R. (2019) Being a 'citizen' in the smart city: Up and down the scaffold of smart citizen participation in Dublin, Ireland. *GeoJournal* 84(1): 1–13.
17. 這是一個指定的 ID，使數據行銷人員能夠追蹤你對不同應用程式的使

but-is-it-racist.

67. Kitchin, R. and Dodge, M. (2011).
68. Cheney-Lippold, J. (2017) p. 157.
69. The Cambridge Analytica Files. *The Guardian*. https://www.theguardian.com/news/series/cambridge-analytica-files; Pybus J. (2019) Trump, the first Facebook President: Why politicians need our data too. In Happer C., Hoskins A. and Merrin W. (eds) *Trump's Media War*. Palgrave Macmillan, Cham, p. 227–240.
70. Palmer, J. (2019) How does online racism spawn mass shooters? *Foreign Policy*, 4 Aug. https://foreignpolicy.com/2019/08/04/online-racism-4chan-8chan-shootings-elpaso-dayton-texas-ohio/; Glaser, A. (2019) 8chan is a normal part of mass shootings now. *Slate*, 4 Aug. https://slate.com/technology/2019/08/el-paso-8chan-4chan-mass-shootings-manifesto.html.
71. Innes, M. (2001) Control creep. *Sociological Research Online* 6(3), http://www.socresonline.org.uk/6/3/innes.html.
72. Meissner, M. and Wubbeke, J. (2016) IT-backed authoritarianism: Information technology enhances central authority and control capacity under Xi Jinping. *MERICS China Monitor*. https://www.mer ics.org/sites/default/files/2017-09/MPOC_ChinasCoreExecutive.pdf.
73. Liang, F., Das, V., Kostyuk, N. and Hussain, M. M. (2018) Constructing a data-driven society: China's Social Credit System as a state surveillance infrastructure. *Policy and Internet* 10(4): 415–53.
74. Liang et al (2018).
75. Hoffman, S. (2017) Managing the state: Social credit, surveillance and the CCP's plan for China. *China Brief* 17(11), 17 Aug, https://jamestown.org/program/managing-the-state-social-credit-surveillance-and-the-ccps-plan-for-china/; Liang et al (2018).
76. Meissner, M. and Wubbeke, J. (2016).
77. Chan, K. (2019) Police, protesters clash in Hong Kong as demonstrators cut down smart lamppost. *Global News*, 24 Aug. https://globalnews.ca/news/5808861/hong-kong-protests-smart-lamppost/.
78. 事實上，這裡說到的「錢」是價值，用馬克思的術語是「剩餘價值」。

50. See Thatcher, J., O'Sullivan, D. and Mahmoudi, D. (2016) Data colonialism through accumulation by dispossession: New metaphors for daily data. *Environment and Planning D* 34(6): 990–1006.
51. Cavoukian, A. (2009) *Privacy by Design: A Primer*. http://www.privacybydesign.ca/content/uploads/2013/10/pbd-primer. pdf; Cohen, J. (2012) What is privacy for? *Social Science Research Network*. http://papers.ssrn.com/sol3/papers.cfm?abstract_id=2175406 (quote, p. 2).
52. Dougherty, C. (2015) Google photos mistakenly labels black people 'gorillas'. *New York Times*, 1 July. https://bits.blogs. nytimes.com/2015/07/01/google-photos-mistakenly-labels-black-people-gorillas/.
53. Noble, S. U. (2018) *Algorithms of Oppression: How Search Engines Reinforce Racism*. New York University Press, New York.
54. Harcourt, B.E. (2006) *Against Prediction: Profiling, Policing and Punishing in an Actuarial Age*. Chicago University Press, Chicago; Noble, S. U. (2018).
55. Noble, S. U. (2018).
56. Benjamin, R. (2019) p. 11.
57. Benjamin, R. (2019); Eubanks, V. (2019).
58. Clarke, R. (1988) Information technology and dataveillance. *Communications of the ACM* 31(5): 498–512; Raley, R. (2013).
59. Graham, S. (2005) Software-sorted geographies. *Progress in Human Geography* 29(5): 562–80.
60. Minelli et al (2013).
61. Angwin, J. (2014); Clifford, S. (2012) Shopper alert: Price may drop for you alone. *New York Times*, 9 Aug. http://www.nytimes.com/2012/08/10/business/supermarkets-try-customizing-prices-for-shoppers.html.
62. Tene, O. and Polonetsky, J. (2012) p. 17.
63. Dencik et al (2018).
64. Baracos and Nissenbaum (2014); Crawford and Schultz (2014).
65. Ramire, E. (2013) The privacy challenges of big data: A view from the lifeguard's chair. *Technology Policy Institute Aspen Forum*, 19 Aug. http://ftc.gov/speeches/ramirez/130819bigdataaspen. pdf.
66. Stroud, M. (2014) The minority report: Chicago's new police computer predicts crimes, but is it racist? *The Verge*, 19 Feb. http://www.theverge.com/2014/2/19/5419854/the-minority-report-this-computer-predicts-crime-

in-leading-app-stores/.

38. Zang, J., Dummit, K., Graves, J., Lisker, P., and Sweeney, L. (2015) Who knows what about me? A survey of behind the scenes personal data sharing to third parties by mobile apps. *Technology Science*, 30 Oct. https://techscience.org/a/2015103001/.
39. European Data Protection Supervisor (2014).
40. Solove, D. (2013) Privacy management and the consent dilemma. *Harvard Law Review* 126: 1880–1903.
41. Solove, D. (2013) p. 1888.
42. Rubinstein, I. S. (2013) Big Data: The end of privacy or a new beginning? *International Data Privacy Law* 3(2): 74–87. https://academic.oup.com/idpl/article/3/2/74/709082.
43. Tene, O. and Polonetsky, J. (2012) Big Data for all: Privacy and user control in the age of analytics. *Social Science Research Network*. http://ssrn.com/abstract=2149364.
44. Crump, C. and Harwood, M. (2014) Invasion of the data snatchers: Big Data and the Internet of Things means the surveillance of everything. ACLU, 25 Mar. http://www.aclu.org/blog/speakeasy/invasion-data-snatchers-big-data-and-Internet-things-means-surveillance-everything.
45. Cypherpunk Manifesto, cited in Angwin, J. (2014).
46. Article 29 Data Protection Working Party (2014) *Opinion 8/2014 on the Recent Developments on the Internet of Things*. http://ec.europa.eu/justice/data-protection/article-29/documentation/opinion-recommendation/files/2014/wp223_en.pdf; European Data Protection Supervisor (2014).
47. Angwin, J. (2014). She also notes that in 2013 Krux Digital had identified 328 separate companies tracking visitors to the top 50 content websites (p. 167).
48. Rambam, S. (2008) Privacy is dead, get over it. Presentation at the Last Hope conference, New York. http://www.youtube. com/watch?v=Vsxxsrn2Tfs; Rubenking, N.J. (2013) Privacy is dead. The NSA killed it. Now what? *PC Mag,* 10 Sept. http://www.pcmag.com/article2/0,2817,2424193,00.asp.
49. Raley, R. (2013) Dataveillance and countervailance. In Gitelman, L. (ed) *'Raw Data' is an Oxymoron*. MIT Press, Cambridge, MA, p. 121–46 (quote, p. 126); Solove, D. J. (2007) 'I've got nothing to hide' and other misunderstandings of privacy. *Social Science Research Network*, http://ssrn.com/abstract=998565.

26. Lee, E. (2019) Netflix stock tumbles as U.S. subscribers decrease after price increases. *New York Times*, 17 July. https://www.nytimes.com/2019/07/17/business/media/netflix-earnings-subscribers.html.
27. Carbonara, P. (2018) Walmart, Amazon top world's largest retail companies. *Forbes*, 6 June. https://www.forbes.com/sites/petercarbonara/2018/06/06/worlds-largest-retail-companies-2018/.
28.「數位原住民」（digitally native）公司是指成立於數位時代的公司，所生產製造的皆為數位產品，而且往往只能從線上獲得。
29. Sigala, M. (2005) Integrating customer relationship management in hotel operations: Managerial and operations implications. *International Journal of Hospitality Management* 24(3): 391–413.
30. Manyika, J., Chiu, M., Brown, B., Bughin, J., Dobbs, R., Roxburgh, C. and Hung Byers, A. (2011) *Big Data: The Next Frontier for Innovation, Competition, and Productivity*. McKinsey Global Institute, New York.
31. Elwood, S. and Leszczynski, A. (2011) Privacy reconsidered: New representations, data practices, and the geoweb. *Geoforum* 42: 6–15.
32. Martínez-Ballesté, A., Pérez-Martínez, P. A. and Solanas, A. (2013) The pursuit of citizens' privacy: A privacy-aware smart city is possible. *Communications Magazine, IEEE* 51(6): 136–141; Santucci, G. (2013) Privacy in the digital economy: Requiem or renaissance? *Privacy Surgeon*. http://www.privacysurgeon. org/blog/wp-content/uploads/2013/09/Privacy-in-the-Digital-Economy-final.pdf.
33. Solove, D. (2006).
34. Minelli, M., Chambers, M. and Dhiraj, A. (2013) *Big Data, Big Analytics*. Wiley, Hoboken, NJ.
35. European Data Protection Supervisor (2014) Privacy and competitiveness in the age of big data: The interplay between data protection, competition law and consumer protection in the Digital Economy. https://secure.edps.europa.eu/EDPSWEB/webdav/shared/Documents/Consultation/Opinions/2014/14-03-26_competitition_law_big_data_EN.pdf.
36. Graves, J. (2015) An exploratory study of mobile application privacy policies. *Technology Science*, 30 Oct. https://techscience. org/a/2015103002/.
37. Statista (2015) Number of apps available in leading app stores as of July 2015. Statista. http://www.statista.com/statistics/276623/number-of-apps-available-

15. Zuboff, S. (2019).
16. Koops, B. J. (2011) Forgetting footprints, shunning shadows: A critical analysis of the 'right to be forgotten' in Big Data practice. *SCRIPTed* 8(3): 229–56.
17. Angwin, J. (2014) *Dragnet Nation*. St Martin's Press, New York; Kitchin, R. (2015) Spatial big data and the era of continuous geosurveillance. *DIS Magazine*. https://dismagazine.com/issues/73066/rob-kitchin-spatial-big-data-and-geosurveillance/.
18. Gardham, M. (2015) Controversial face recognition software is being used by Police Scotland, the force confirms. *Herald Scotland*, 26 May. https://www.heraldscotland.com/news/13215304.Controversial_face_recognition_software_is_being_used_by_Police_Scotland_the_force_confirms/ ; Wellman, T. (2015) Facial recognition software moves from overseas wars to local police. *New York Times*, 12 Aug. https://www.nytimes.com/2015/08/13/us/facial-recognition-software-moves-from-overseas-wars-to-local-police.html.
19. Dodge, M. and Kitchin, R. (2007) The automatic management of drivers and driving spaces. *Geoforum* 38(2): 264–75.
20. Vincent, J. (2014) London's bins are tracking your smartphone. *The Independent*, 10 June. https://www.independent.co.uk/life-style/gadgets-and-tech/news/updated-londons-bins-are-tracking-your-smartphone-8754924.html.
21. Kopytoff, V. (2013) Stores sniff out smartphones to follow shoppers. *Technology Review*, 12 Nov. http://www.technologyreview.com/news/520811/stores-sniff-out-smartphones-to-follow-shoppers/ ; Henry, A. (2013) How retail stores track you using your smartphone (and how to stop it). *Lifehacker*, 19 July. http://lifehacker.com/how-retail-stores-track-you-using-your-smartphone-and-827512308.
22. Leszczynski, A. (2017) Geoprivacy. In Kitchin, R., Lauriault, T. and Wilson, M. (eds) *Understanding Spatial Media*. Sage, London, p. 235–44.
23. The *New York Times* digital ad sales were about $200m in 2016：https://www.nytimes.com/2017/07/27/business/new-york-times-company-2q-earnings.html.
24. Zuboff, S. (2019).
25. CIPPIC (2006).

acxiom-the-quiet-giant-of-consumer-database-marketing.html.
6. Dencik, L., Hintz, A., Redden, J. and Warne, H. (2018) *Data Scores as Governance: Investigating uses of citizen scoring in public services*. Cardiff: Data Justice Lab. https://datajustice.files.wordpress.com/2018/12/data-scores-as-governance-project-report2.pdf.
7. Hein, B. (2014) Uber's data-sucking Android app is dangerously close to malware. *Cult of Mac*, 26 Nov. http://www.cultofmac. com/304401/ubers-android-app-literally-malware/.
8. Dodge, M. and Kitchin, R. (2005) Codes of life: Identification codes and the machine-readable world. *Environment and Planning D: Society and Space* 23(6): 851–81.
9. Lyon, D. (2007) *Surveillance Studies: An Overview*. Polity, Cambridge.
10. Dodge, M. and Kitchin, R. (2007) 'Outlines of a world coming into existence': Pervasive computing and the ethics of forgetting. *Environment and Planning B* 34(3): 431–45.
11. Curran, D. (2018) Are you ready? Here is all the data Facebook and Google have on you. *The Guardian*, 30 Mar. https://www.theguardian.com/commentisfree/2018/mar/28/all-the-data-facebook-google-has-on-you-privacy；如果想刪除 Facebook 帳號，《紐約時報》教你怎麼做：Chen, B. X. (2018) How to delete Facebook. *New York Times*, 19 Dec. https://www.nytimes.com/2018/12/19/business/delete-facebook-account.html。請注意：他們給你三十天猶豫期，所以如果改變心意，還可以取消刪除。刪除過程需要的時間可長達九十天，才能將各個伺服器內的所有備份清除乾淨。至於元數據（metadata）和匿名衍生數據（derived data）是否也一併刪除，無人知道。
12. Google 提供一個選項，讓你可以下載它所儲存的關於你的所有數據。請參見 http://google.com/takeout.
13. Facebook 可讓你下載它手上與你有關的數據。請參見 https://www.facebook.com/help/1701730696756992.
14. Mayer-Schoenberger, V. and Cukier, K. (2013) *Big Data. A Revolution That Will Transform How We Live, Work, and Think*. John Murray Publishers, London; van Dijck, J. (2014) Datafication, dataism and dataveillance: Big Data between scientific paradigm and ideology. *Surveillance & Society* 12(2): 197–208; Zuboff, S. (2019).

68. Leccardi, C. (2007) New temporal perspectives in the 'High-Speed Society'. In Hassan, R. and Purser, R. (eds) *24/7: Time and Temporality in the Network Society*. Stanford University Press, Stanford, CA, p. 25–36.
69. Bleecker, J. and Nova, N. (2009) *A Synchronicity: Design Fictions for Asynchronous Urban Computing*. Situated Technologies, New York.
70. Bleecker, J. and Nova, N. (2009).
71. de Lange, M. (2018).
72. Greenfield, A. (2013) *Against Smart Cities*. Do Publications, New York.
73. Kitchin, R., Cardullo, P. and di Feliciantonio, C. (2019) Citizenship, social justice and the right to the smart city. In Cardullo, P., di Feliciantonio, C. and Kitchin, R. (eds) *The Right to the Smart City*. Emerald, Bingley, p. 1–24.
74. Wajcman, J. (2015).
75. Wajcman, J. (2015).
76. Rosa, H. (2015).
77. Rosa, H. (2015) p. 294.
78. Rosa, H. (2015) p. 295.
79. Seligman, M. E. P., Railton, P., Baumeister, R. F. and Sripada, C. (2016) *Homo Prospectus*. Oxford University Press, Oxford.
80. Seligman et al (2016) p. 195.
81. Seligman et al (2016) p. 186.
82. Wajcman, J. (2015).

Chapter 3

1. Cheney-Lippold, J. (2017) *We Are Data: Algorithms and the Making of our Digital Selves*. New York University Press, New York.
2. Cheney-Lippold, J. (2017).
3. Coffee, P. (2018) IPG confirms $2.3 billion deal to acquire data marketing company Acxiom. *Adweek*, 2 July. https://www.adweek.com/agencies/ipg-confirms-2-3-billion-deal-to-acquire-data-marketing-company-acxiom/.
4. Downey, S. (2013) Acxiom's letting you see the data they have about you (kind of). *Abine*, 4 Sept. https://www.abine.com/blog/2013/acxioms-letting-you-see-data/.
5. Singer, N. (2012) You for sale: Mapping, and sharing, the consumer genome. *New York Times*, 17 June, http://www. nytimes.com/2012/06/17/technology/

tips-from-hong-kong-protesters-37ff9ef73129.
52. Crang, M. (2007).
53. Breathnach, P. (1998) Exploring the Celtic Tiger'Phenomenon: Causes and consequences of Ireland's economic miracle. *European Urban and Regional Studies* 5(4): 305–16.
54. Kitchin, R. and Bartley, B. (2007) Ireland in the twenty first century. In Bartley, B. and Kitchin, R. (eds) *Understanding Contemporary Ireland*. Pluto Press, London, p. 1–26.
55. Vizard, F. (2004) Building the information superhighway. *Popular Mechanics* 171(1): 29–33.
56. Breathnach, P. (2000) Globalisation, information technology, and the emergence of 'niche' transnational cities: The growth of the call centre sector in Dublin. *Geoforum* 31(4): 477–85.
57. Coletta, C., Heaphy, L. and Kitchin, R. (2019) From the accidental to articulated smart city: The creation and work of 'Smart Dublin'. *European Urban and Regional Studies* 26(4): 349–64.
58. 當然，它亦產生其他影響，例如劇烈的城市－區域重組、人口大幅增長、住宅和辦公／工業場所廣泛郊區化、多中心和不平衡發展、堵塞和社會斷層擴大。關於後者，不是所有階層受到的正負面影響都相同，有些群體和地區被拋在後面。
59. Wajcman, J. (2015).
60. Gleick, J. (1999) *Faster: The Acceleration of Just About Everything*. Pantheon Books, New York.
61. Wajcman, J. (2008); Hassan, R. (2007) Network time. In: Hassan, R. and Purser, R. (eds) *24/7: Time and Temporality in the Network Society*. Stanford University Press, Stanford, CA, p. 37–61.
62. Research by John Robinson reported in Wajcman (2015) p. 64.
63. Ash, A. (nd).
64. Purser, R. E. (2002) Contested presents: Critical perspectives on 'real-time' management. In Adam, B., Whipp, R. and Sabelis, I. (eds) *Making Time: Time in Modern Organizations*. Oxford University Press, Oxford, p. 155–67.
65. Hassan, R. (2007) p. 55.
66. Purser, R. E. (2002).
67. Kitchin, R. and Dodge, M. (2011).

1961–1972. *IEEE Annals of the History of Computing* 17(4): 76–81.
36. Dodge, M. and Kitchin, R. (2000) *Mapping Cyberspace*. Routledge, London.
37. Berners-Lee, T. (1999) *Weaving the Web: The Past, Present and Future of the World Wide Web by its Inventor*. Orion Business, New York.
38. Kitchin, R. (1998) *Cyberspace: The World in the Wires*. John Wiley and Sons, Chichester.
39. O'Reilly, T. (2009) What is Web 2.0? 30 Sept. https://www. oreilly.com/pub/a/web2/archive/what-is-web 20.html.
40. Kitchin, R. and Dodge, M. (2011).
41. Holst, A. (2019) Number of smartphone users worldwide from 2016 to 2021 (in billions). Statista, 23 Oct. https://www. statista.com/statistics/330695/number-of-smartphone-users-worldwide/.
42. Statista Research Department (2019) Internet of Things (IoT) connected devices installed base worldwide from 2015 to 2025 (in billions). Statista, 9 Aug. https://www.statista. com/statistics/471264/iot-number-of-connected-devices-worldwide/.
43. Gershenfeld, N., Krikorian, R. and Cohen, D. (2004) The internet of things. *Scientific American*, October, 76–81.
44. Kitchin, R. and Dodge, M. (2011).
45. Mitchell, W. J. (1998) The new economy of presence. *Environment and Planning B: Planning and Design* 25: 20–21.
46. Urry, J. (2000) Mobile sociology. *Sociology* 51(1): 185–203.
47. Hassan, R. (2003) Network time and the new knowledge epoch. *Time and Society* 12(2/3): 225–41.
48. de Lange, M. (2018) From real-time city to asynchronicity: Exploring temporalities of smart city dashboards. In Lammes, S., Perkins, C., Gekker, A., Hind, S., Wilmott, C. and Evans, D. (eds) *Time for Mapping: Cartographic Temporalities.* Manchester University Press, Manchester, p. 238–55.
49. Kitchin, R. (2017).
50. Gerbaudo, P. (2012) *Tweets and the Streets: Social Media and Contemporary Activism*. Pluto Press, London; Farris, D. (2013) *Dissent and Revolution in the Digital Age*. IB Tauris, London.
51. Aiken, S. (2019) Inside digital resistance in Cypherpunk Harbour. *Medium*, 1 Oct. https://medium.com/crypto-punks/digital-resistance-security-privacy-

以及利用「用時間消滅空間」使資本得以累積。Marx, K. (1857/1973) *Grundrisse: Foundations of the Critique of Political Economy*. Penguin Classics, London.

24. Rosa, H. (2015) *Social Acceleration: A New Theory of Modernity*. University of Columbia Press, New York. Rosa says 9.5km, but we've said 10km for sake of simplicity.
25. Leyshon, A. (1995) Annihilating space? The speed-up of communications. In Allen, J. and Hamnett, C. (eds) *A Shrinking World? Global Unevenness and Inequality*. Oxford University Press, Oxford, p. 11–54.
26. 1932 Atlas of the Historical Geography of the United States. https://dsl.richmond.edu/historicalatlas/138/a/.
27. Galton, F. (1881) *Isochronic Passage Chart for Travellers*. Published by the Proceedings of the Royal Geographical Society, 1881. Available at: https://upload.wikimedia.org/wikipedia/commons/8/86/Isochronic_Passage_Chart_Francis_Galton_1881.jpg.
28. Novak, M. (2013) What international air travel was like in the 1930s. Gizmodo, 27 Nov. https://paleofuture. gizmodo.com/what-international-air-travel-was-like-in-the-1930s-1471258414.
29. Broadberry, S. and Burhop, C. (2009) Real wages and labour productivity in Britain and Germany, 1871–1938. *Journal of Economic History* 70(2): 400–27.
30. Leyshon, A. (1995).
31. AT&T Long Lines, Places and Routes (nd) Maps, Diagrams and Lists. http://long-lines.net/places-routes/.
32. Tuning in: Communications technologies historically have had broad appeal for consumers. *Wall Street Journal* 1998. Available at: http://www.karlhartig.com/chart/techhouse.pdf.
33. History of Television. Wikipedia. https://en.wikipedia.org/wiki/History_of_television.
34. Hart, J. A., Reed, R. R. and Bar, F. (1992) The building of the Internet: Implications for the future of broadband networks. *Telecommunications Policy* 16: 666–89; Salus, P. (1995) *Casting the Net: From Arpanet to Internet and beyond...* Addison Wesley, Reading, MA.
35. O'Neill, J. E. (1995) The role of ARPA in the development of the ARPANET,

3. Eurofound (2016) p. 63.
4. Wajcman, J. (2008) Life in the fast lane? Towards a sociology of technology and time. *British Journal of Sociology* 59(1): 59–77.
5. Green, N. (2002) On the move: Technology, mobility, and the mediation of social time and space. *The Information Society* 18(4): 281–92.
6. Pang, A. S-K. (2016) *Rest: Why You Get More Done When You Work Less*. Basic Books, New York.
7. Pang, A. S-K. (2016) p. 8.
8. Huffington, A. (2016) Foreword. In Pang, A. S-K. *Rest: Why You Get More Done When You Work Less*. Basic Books, New York, p. xiii.
9. Crary, J. (2013) *24/7: Late Capitalism and the Ends of Sleep*. Verso, London.
10. Pang, A. S-K. (2016) p. 24.
11. Pang, A. S-K. (2016).
12. Sutko, D. and de Souza e Silva, A. (2010) Location-aware mobile media and urban sociability. *New Media & Society* 13(5): 807–23.
13. Wajcman, J. (2008).
14. Kitchin, R. (2017) The realtimeness of smart cities. *Tecnoscienza* 8(2): 19–42.
15. Southerton, D. and Tomlinson, M. (2005) 'Pressed for time' – The differential impacts of a 'time squeeze'. *The Sociological Review* 53(2): 215–40; Wajcman, J. (2015).
16. Janelle, D. (1968) Central place development in a time-space framework. *Professional Geographer* 20(1): 5–10.
17. Crang, M. (2007) Speed = distance/time chronotopographies of action. In Hassan, R. and Purser, R. (eds) *24/7: Time and Temporality in the Network Society*. Stanford University Press, Stanford, CA, p. 62–88.
18. Wajcman, J. (2015).
19. Wajcman, J. (2015).
20. Harvey, D. (1989) *The Condition of Postmodernity: An Enquiry into the Origins of Cultural Change*. Blackwell, Oxford.
21. Janelle, D. (1968).
22. Giddens, A. (1984) *The Constitution of Society: Outline of the Theory of Structuration*. University of California Press, Berkeley, CA.
23. 這個過程長久以來一直被注意到，確實如卡爾·馬克思（Karl Marx）所說的，資本主義的一個關鍵面向是它的驅動力，它能創造新市場，

29. Fullagar, S. and Markwell, K. W. (2012) *Slow Tourism: Experiences and Mobilities*. Channel View Publications;Clancy, M. (2016) *Slow Tourism, Food and Cities: Pace and the Search for the 'Good Life'*. Routledge, London.
30. Benjamin, R. (2019) *Race After Technology*. Polity Books, Cambridge, p. 17.
31. 我們的慢運算概念根源於這種看法：數位科技與時間的關係不是決定論（也就是說，時間方面的影響不是科技註定的結果），而是偶然的，視當下的關係與環境背景而定。換言之，數位時代的時間邏輯一部分是基於時間的社會決定論，它已內建於數位科技之中；另一部分是基於這些科技在社會環境中的使用方式。也就是說，社會影響如何吸收及使用科技，如同這些科技影響社會。在這個關係中沒有任何事是註定不變的。如茱蒂．沃克曼所說：「新科技和時間節奏之間是互相塑造或共同演化的」（p.4）。因此，時間被科技影響，但不是被科技決定，我們能夠介入且重新配置這個關係——對我們來說，就是讓它減速。Wajcman, J. (2015) *Pressed for Time: The Acceleration of Life in Digital Capitalism*. Chicago, University of Chicago Press.
32. Woodruff, A., Augustin, S. and Foucault, B. (2007) Sabbath day home automation: 'It's like mixing technology and religion', *CHI '07: Proceedings of the SIGCHI Conference on Human Factors in Computing Systems*, p. 527–36.
33. Ems, L. (2015) Exploring ethnographic techniques for ICT non-use research: An Amish case study. *First Monday* 20(11). https://journals.uic.edu/ojs/index.php/fm/article/view/6312/5139.
34. Rheingold, H. (1999) Look who's talking. *Wired* 7(1), https://www.wired.com/1999/01/amish/.
35. Ems, L. (2015).
36. Ash, A. (nd) The best books on Slow Living recommended by Carl Honoré. Five Books. https://fivebooks.com/best-books/slow-living-carl-honore/.

Chapter 2

1. Eurofound (2016) *Working Time Developments in the 21st Century: Work Duration and Its Regulation in the EU*. Publications Office of the European Union, Luxembourg. https://www.eurofound.europa.eu/sites/default/files/ef_publication/field_ef_document/ef1573en.pdf.
2. Eurofound (2016).

process: Toward a framework to redress predictive privacy harms. *Boston College Law Review* 55(1): 93–128.

18. Castells, M. (1996) *Rise of the Network Society*. Blackwell, Oxford.
19. Zuboff, S. (2019) *The Age of Surveillance Capitalism: The Fight for the Future at the New Frontier of Power*. Profile Books, New York.
20. Srnicek, N. (2016) *Platform Capitalism*. Polity Press, Cambridge.
21. See Ritzer, G. and Jurgenson, N. (2010) Production, consumption, prosumption. *Journal of Consumer Culture* 10(1): 13–36; Jarrett, K. (2016) *Feminism, Labour and Digital Media*. Routledge, London.
22. Schneider, N. (2015) The joy of slow computing. *New Republic*, 20 May. https://newrepublic.com/article/121832/pleasure-do-it-yourself-slow-computing.
23. Schneider, N. (2015) Slow computing. *America*, 21 May. https://www.americamagazine.org/content/all-things/slow-computing.
24. Honoré, C. (2005) *In Praise of Slowness: Challenging the Cult of Speed*. HarperCollins, New York.
25. Shojai, P. (2017) *The Art of Stopping Time*. Rodale Books, New York.
26. Craig, G. and Parkins, W. (2006) *Slow Living*. Berg, Oxford; Miele, M. and Murdoch, J. (2002) The practical aesthetics of traditional cuisines: Slow food in Tuscany. *Sociologica Ruralis* 42(4): 312–28.
27. Berg, M. and Seeber, B. (2017) *The Slow Professor: Challenging the Culture of Speed in the Academy*. University of Toronto Press, Toronto; Walker, M. B. (2016) *Slow Philosophy*. Bloomsbury, London; Mountz, A., Bonds, A., Mansfield, B., Loyd, J., Hyndman, J., Walton-Roberts, M., Basu, R., Whitson, R., Hawkins, R., Hamilton, T. and Curran, W. (2015) For slow scholarship: A feminist politics of resistance through collective action in the neoliberal university. *ACME: An International Journal for Critical Geographies* 14(4): 1235–59.
28. Datta, A. and Shaban, A. (2017) Slow: Towards a decelerated urbanism. In Datta, A. and Shaban, A. (eds) *Mega-Urbanization in the Global South: Fast Cities and New Urban Utopias of the Postcolonial State*. Routledge, London, p. 205–20. Cittaslow is an organization founded in 1999 dedicated to improving the quality of life in towns by slowing down its overall pace, see http://www.cittaslow.org/.

7. Greenfield, A. (2006) *Everyware: The Dawning Age of Ubiquitous Computing*. New Riders, Boston.
8. Kitchin, R. and Dodge, M. (2011) *Code/Space: Software and Everyday Life*. MIT Press, Cambridge, MA.
9. SWNS (2017) Americans check their phones 80 times a day: study. *New York Post*, 8 Nov. https://nypost.com/2017/11/08/americans-check-their-phones-80-times-a-day-study/.
10. Dodge, M. and Kitchin, R. (2004) Flying through code/space: The real virtuality of air travel. *Environment and Planning A* 36(2): 195–211.
11. 例如，自動車牌辨識系統（automatic number plate recognition，ANPR）的鏡頭會拍攝到公路網上每一輛汽車的車牌，不只是樣本；Twitter 會記錄每名用戶所貼的每一則推文，也不只是樣本而已。然而，並非每個人在城市移動都是開車，也不是每個人都使用 Twitter。因此，對系統而言，所得數據是窮盡所有使用者，但不是窮盡全體人口。
12. Kitchin, R. (2014) *The Data Revolution: Big Data, Open Data, Data Infrastructures and Their Consequences*. Sage, London.
13. Lyon, D. (ed) (2003) *Surveillance as Social Sorting: Privacy, Risk and Digital Discrimination*. Routledge, London; Graham, S. D. N. (2005) Software-sorted geographies. *Progress in Human Geography* 29(5): 562–80; CIPPIC (2006) *On the Data Trail: How Detailed Information About You Gets into the Hands of Organizations with Whom You Have No Relationship. A Report on the Canadian Data Brokerage Industry*. The Canadian Internet Policy and Public Interest Clinic, Ottawa. http://www.cippic. ca/uploads/May1-06/DatabrokerReport.pdf.
14. Amoore, L. (2013) *The Politics of Possibility: Risk and Security Beyond Probability*. Duke University Press, Durham, NC.
15. Lane, J., Stodden, V., Bender, S. and Nissenbaum, H. (eds) (2014) *Privacy, Big Data and the Public Good*. Cambridge University Press, Cambridge.
16. Solove, D. J. (2006) A taxonomy of privacy. *University of Pennsylvania Law Review* 154(3): 477–560.
17. Baracos, S. and Nissenbaum, H. (2014) Big data's end run around anonymity and consent. In Lane, J., Stodden, V., Bender, S. and Nissenbaum, H. (eds) *Privacy, Big Data and the Public Good*. Cambridge University Press, Cambridge, p. 44–75; Crawford, K. and Schultz, J. (2014) Big data and due

索引

Chapter 1

1. Deloitte (2017a) *The Dawn of the Next Era in Mobile. 2017 Global Mobile Consumer Survey: US edition*. https://www2.deloitte.com/content/dam/Deloitte/us/Documents/technology-media-telecommunications/us-tmt-2017-global-mobile-consumer-survey-executive-summary.pdf。IDC 在二〇一三年的一份報告指出，六二％的美國人睡醒後馬上會拿手機，睡醒後十五分鐘的再增加十七％。十八～二十四歲的美國人則有七四％睡醒後立即拿手機，八九％是睡醒後十五分鐘。IDC (2013) *Always Connected*. https://www.nu.nl/files/IDC-Facebook%20Always%20Connected%20%281%29.pdf.
2. 據報告，十八～二十九歲的有三九％、三十～四十九歲的有三五％幾乎隨時都在線上。http://www.pewresearch.org/fact-tank/2018/03/14/about-a-quarter-of-americans-report-going-online-almost-constantly/. Also https://www.asurion.com/about/press-releases/americans-dont-want-to-unplug-from-phones-while-on-vacation-despite-latest-digital-detox-trend/.
3. Deloitte (2017a)。十八～四十四歲的人超過九〇％擁有智慧型手機。
4. 二〇一五年一份報告稱，七一％的美國人睡覺時會將智慧型手機放在床頭櫃，三％是握在手上睡覺。http://fortune.com/2015/06/29/sleep-banks-smartphones/.
5. Deloitte (2017b) *State of the Smart: Consumer and Business Usage Patterns. Global Mobile Consumer Survey 2017: UK cut*. https://www.deloitte.co.uk/mobileuk2017/assets/img/download/global-mobile-consumer-survey-2017_uk-cut.pdf.
6. Lustig, R. (2017) *The Hacking of the American Mind: The Science Behind the Corporate Takeover of Our Bodies and Brains*. Penguin, London; Eyal, N. (2014) *Hooked: How to Build Habit Forming Products*. Portfolio Books, New York.

Life 系列 053

數位監控：我們如何拿回均衡的科技生活

作　者—羅布．基欽（Rob Kitchin）、阿里斯泰爾．弗瑞瑟（Alistair Fraser）
譯　者—黃開
主　編—邱憶伶
責任編輯—陳映儒
行銷企畫—林欣梅
封面設計—兒日
內頁設計—張靜怡

編輯總監—蘇清霖
董事長—趙政岷
出版者—時報文化出版企業股份有限公司
一〇八〇一九臺北市和平西路三段二四〇號三樓
發行專線—（〇二）二三〇六—六八四二
讀者服務專線—〇八〇〇—二三一—七〇五
（〇二）二三〇四—七一〇三
讀者服務傳真—（〇二）二三〇四—六八五八
郵撥—一九三四四七二四時報文化出版公司
信箱—一〇八九九臺北華江橋郵局第九九信箱
時報悅讀網—http://www.readingtimes.com.tw
電子郵件信箱—newstudy@readingtimes.com.tw
時報出版愛讀者粉絲團—https://www.facebook.com/readingtimes.2
法律顧問—理律法律事務所　陳長文律師、李念祖律師
印　刷—勁達印刷有限公司
初版一刷—二〇二一年十二月十七日
定　價—新臺幣四八〇元
（缺頁或破損的書，請寄回更換）

數位監控：我們如何拿回均衡的科技生活／羅布．基欽（Rob Kitchin）、阿里斯泰爾．弗瑞瑟（Alistair Fraser）著；黃開譯. -- 初版. -- 臺北市：時報文化出版企業股份有限公司, 2021.12
288 面；14.8×21 公分. --（Life；53）
譯自：Slow computing: why we need balanced digital lives.
ISBN 978-957-13-9756-6（平裝）

1. 資訊社會　2. 網路社會

541.415　　110019681

ISBN 978-957-13-9756-6
Printed in Taiwan